FARMACY KITCHEN

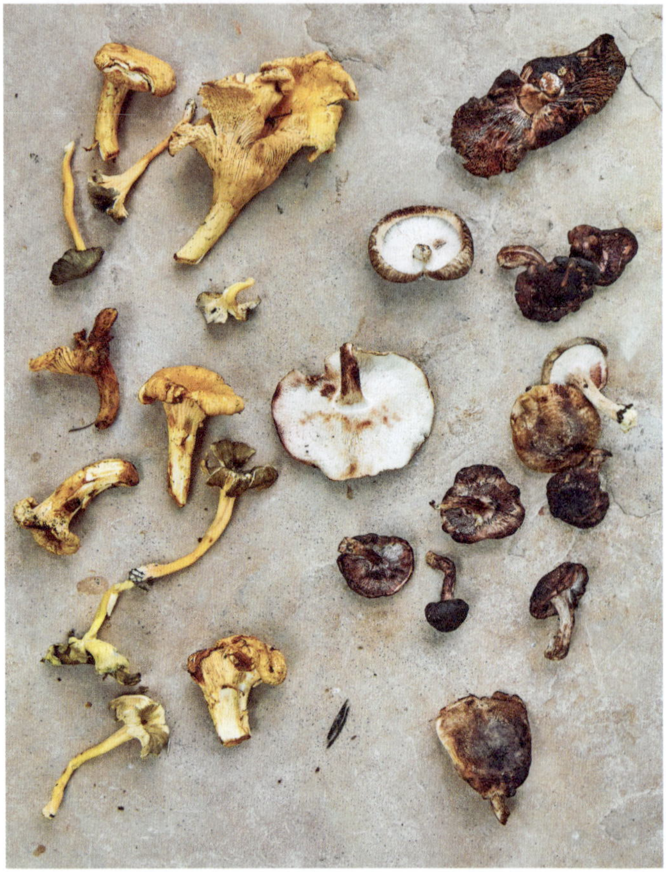

Recetas a base de plantas para una vida consciente

FARMACY KITCHEN

Creado por
Camilla Fayed con Susie Pearl,
Emily Pearson y Pietro Cuevas

LIBROS CÚPULA

Para mi abuela, Anisa Martinson, una mujer finlandesa con gran talento para la pintura al óleo cuyo amor por la cocina y el sabor me ha inspirado en mi viaje culinario.
Tu nieta te está eternamente agradecida.

Título original: *Farmacy Kitchen*. Publicado originalmente en inglés en 2018 por Octupus Publishing Group Ltd.

Primera edición: enero de 2019

Av. Diagonal, 662-664, 08034 Barcelona (España)
Libros Cúpula es marca registrada por Editorial Planeta, S. A.
Este libro se comercializa bajo el sello Libros Cúpula
www.planetadelibros.com

ISBN: 978-84-480-2498-7
Depósito legal: B. 17.636-2018
Fotocomposición: Obaachaan

Impreso en China – *Printed in China*

Códigos de información nutricional en las recetas:

SG = sin gluten

SFS = sin frutos secos

C = crudo

VG = vegano

Índice

Prefacio 6

La filosofía de Farmacy Kitchen 8

Los alimentos como medicina 18

La alquimia de la vida consciente 28

En la cocina de Farmacy 40

Recetas

Básicos 58

Desayuno 84

Salsas para mojar y aperitivos 104

Sopas y ensaladas 130

Boles de la tierra 160

Platos principales 178

Acompañamientos 194

Postres 212

Hogar y belleza 232

Índice alfabético 248

Notas de cocina 255

Agradecimientos 256

Prefacio

Bienvenidos a la cocina de Farmacy, donde encontraréis ideas que os inspirarán a llevar una vida consciente y deliciosas recetas a base de plantas aptas tanto para dietas veganas como vegetarianas. La filosofía de Farmacy Kitchen pretende recentrar la atención en la naturaleza, la sencillez y el equilibrio.
Nos encanta seguir el concepto de «abundancia sencilla» en la comida que creamos con alimentos enteros, frescos y coloridos en combinaciones llenas de inspiración para obtener el máximo sabor, una fácil digestión y placer.

Farmacy London abrió sus puertas en Notting Hill en 2016. La misión de este libro es ofrecer una variedad de comida fresca, de temporada, con un equilibrio nutricional y basada en plantas, de proveedores locales y con conciencia medioambiental y sostenible.

Con la vida ajetreada que llevamos, suele faltarnos tiempo para cocinar bien en casa de modo que haya un equilibrio entre nutrición y sabor en nuestra alimentación diaria y evitando la comida procesada, los azúcares y los productos animales. Farmacy Kitchen te ayudará a crear este equilibrio.

Somos conscientes de lo bien que sabe la comida cuando está hecha con amor y atención. La cocina es un proceso creativo y este libro te enseñará a preparar comida sabrosa para alimentar el cuerpo y proporcionar energía al alma, un proceso que puedes llevar a tu propia cocina.

Cada vez es más importante que pensemos en cómo decidimos comer y vivir y en el impacto que la vida moderna está causando sobre nosotros, el planeta y sus recursos naturales. En el presente libro encontrarás ideas nuevas y útiles sobre cómo cocinar bien con alimentos vegetales y cómo realizar cambios importantes que se van a notar. Veremos lo beneficioso que resulta un estilo de vida consciente no solo para la salud individual, sino también para la comunidad, el medioambiente y el mundo en general.

Hay una serie de alimentos básicos que deberías tener siempre en tu cocina para poder cocinar bien, y trataremos las mejores maneras de introducir prácticas sostenibles y asequibles en casa. Las recetas aquí recogidas son muy claras, tengas la experiencia que tengas en la cocina. Aquí no tratamos de convertir a nadie. Son recetas fáciles de introducir en la alimentación de cada cual sin necesidad de ser vegetariano para disfrutar de ellas.

Desde muy joven me ha apasionado la comida, pero no siempre me he alimentado de forma saludable. Para mí ha sido un largo viaje, con muchos retos, hasta llegar a disfrutar de una comida sana y basada en las plantas. Mi alimentación de adolescente y a los veintipocos era en gran medida comida basura. Consumía mucha comida procesada y bebía alcohol con regularidad como parte de mi vida social. Me engordé, me faltaba energía y tenía el colesterol alto y otros problemas de salud a causa de una alimentación pobre. Necesitaba un revulsivo.

Cuando formé una familia, me di cuenta de que no me quedaba otra que poner la salud y el bienestar por delante. Al quedarme embarazada tuve que cambiar mi forma de vida y de alimentarme. Sabía que estos cambios podían tener grandes efectos sobre cómo me sentía físicamente. La sorpresa fue el cómo me hizo sentir en el aspecto emocional. Tuve la suerte de poder viajar a distintos lugares del mundo para descubrir nuevas maneras de comer y de vivir.

Me apasiona el poder compartirlo con mucha gente y transmitir la información que he recabado. Mi interés en cultivar alimentos y en la agricultura biodinámica crece a medida que descubro más sobre la importancia de dónde viene la comida.

En este viaje a una vida más sana he conocido a gente increíble que me ha enseñado muchísimo. Muchas gracias a todos los maestros que me han ayudado por el camino, así como a emprenderlo. Siento una enorme gratitud hacia las personas que me han empujado a seguir cuando todo se me hacía cuesta arriba. Vivimos un momento muy excitante, en que mucha gente se está uniendo para disfrutar de una alimentación basada en las plantas y comparte la intención de hacer mejores elecciones y de llevar una vida más sana.

¡Que aproveche!
Con cariño,

La naturaleza es sabia cuando hablamos de alimentación, salud y equilibrio. Nuestro objetivo es crear comida deliciosa y a la vez buena para el cuerpo y para el planeta.

La filosofía de Farmacy Kitchen

Introducción

El mundo empieza a comprender los beneficios de consumir ingredientes frescos y locales, cultivados y producidos sin pesticidas dañinos y sin perjudicar a los animales. Hay un fuerte cambio en la conciencia global y mucha gente busca una mayor conexión, bondad y compasión en la vida.

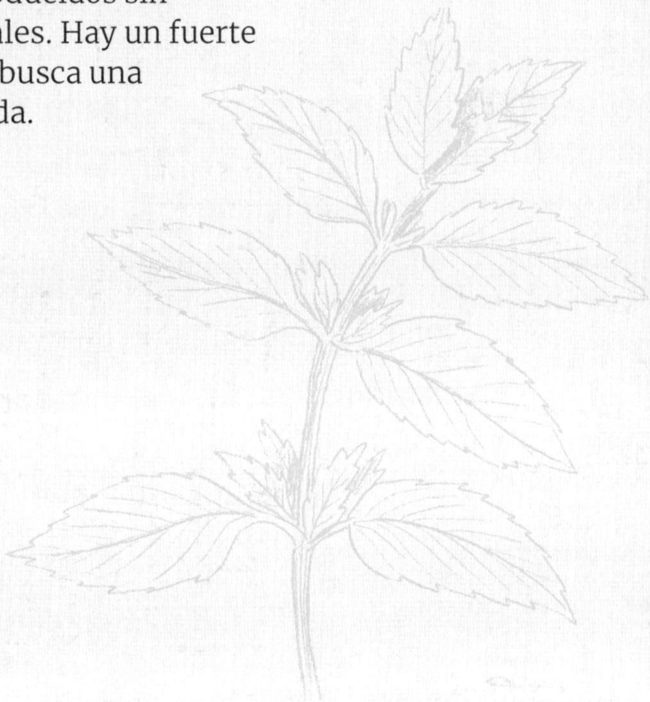

Las recetas de este libro emplean alimentos enteros para crear comidas sabrosas con un alto contenido en nutrientes de manera natural. En Farmacy Kitchen evitamos los ingredientes procesados y nos decantamos por lo ecológico siempre que sea posible para evitar la ingestión de las sustancias químicas y pesticidas que se usan en la producción de alimentos no ecológicos. No utilizamos comida enlatada ni alimentos que estén claramente «muertos», sino que optamos por comida fresca, viva y de buenas fuentes. Nuestras recetas evitan el uso de ingredientes que puedan ser altos en organismos genéticamente modificados (OGM) como el maíz, la soja, las patatas y el trigo.

En este capítulo describimos nuestra filosofía alimentaria y exponemos los beneficios de una alimentación consciente, ya que esta marca una gran diferencia. Cuando comemos a conciencia, la comida nos sabe mejor, sentimos que nos alimentamos de un modo más profundo y el cuerpo digiere de forma más completa cuando prestamos atención al proceso de comer. Es cierto que, a menudo, esta forma de comer y de vivir se considera un lujo pero cada vez hay más personas conscientes de las opciones alimentarias existentes y la alimentación consciente se está convirtiendo en un aspecto familiar de la vida.

«Nada beneficiará más a la salud humana e incrementará tanto las posibilidades de supervivencia de la vida en la Tierra como la evolución hacia una dieta vegetariana.»

Albert Einstein

Los cuatro pilares

El enfoque de Farmacy Kitchen sobre una vida consciente y una alimentación saludable se basa en cuatro pilares filosóficos: el saber ancestral, el equilibrio, una voluntad consciente y positiva y vivir sin hacer daño a los animales.

1. Saber ancestral

Hace miles de años, grandes filósofos de las tierras del antiguo Egipto y Grecia ya hablaban del concepto de los alimentos como medicina. Uno de los primeros libros que se descubrieron fue en el antiguo Egipto y contenía recetas manuscritas sobre rollos de papiro. Dichas recetas empleaban hierbas, aceites, plantas y especias para curar dolencias: eran las primeras prescripciones médicas de la historia. Los filósofos egipcios las daban en ofrenda a sus dioses.

En el antiguo Egipto se concedía mucha importancia al hecho de estar sano y conservar la salud. Los nombres de pila y los saludos que se empleaban en la vida cotidiana y en la correspondencia reflejaban el énfasis que ponía esta cultura en el bienestar. Los nombres egipcios solían contener la palabra *seneb*, que significa «saludable, con vigor y fuerza». Algunos de los nombres más usados en la época significaban cosas como «Tengo buena salud» y «Que tu padre goce de salud». Muchos saludos habituales se basaban en la idea de desear buena salud a los demás.

Hemos adoptado parte de esta sabiduría de la antigüedad en nuestra filosofía y recetas usando plantas, hierbas y especias en combinaciones creativas para ayudar a preservar la salud y curar dolencias comunes empleando los alimentos como medicina (*véase* pp. 18-27).

También apoyamos de forma activa a los agricultores que siguen los antiguos principios de agricultura ecológica y biodinámica y que cultivan alimentos en tierras sanas y ricas en nutrientes sin emplear productos químicos ni pesticidas perjudiciales.

La agricultura ecológica combina métodos tradicionales de cultivo con lo último en tecnología agrícola en beneficio del medioambiente y para obtener productos nutritivos sin elementos tóxicos.

Las granjas biodinámicas apuestan por un enfoque holístico de la agricultura siguiendo las estaciones y promueven la integración de todos los organismos vivos en el ecosistema de las mismas –agricultores, plantas, animales e insectos–, que colaboran al ritmo de las estaciones, del mismo modo que hacían nuestros antepasados.

2. Equilibrio

Para vivir bien y estar sanos, debemos encontrar el justo equilibrio en todas las cosas. Necesitamos tiempo para crear, trabajar, descansar, divertirnos, comer bien, hacer ejercicio, respirar aire fresco, compartir tiempo con las personas que nos rodean, disfrutar del silencio, ayudar a la gente y hacer todas esas cosas que nos proporcionan un equilibrio saludable en la vida.

Las recetas del presente libro se han creado con el equilibrio en mente: la comida está concebida para ofrecer una nutrición equilibrada que aporte tanto al cuerpo como a la mente y que contribuya a crear una relación sana con la nutrición y a cuidar de uno mismo.

3. Voluntad consciente y positiva

En los últimos años ha habido un gran interés por el poder de la mente y los potentes efectos que tiene el hacerse propósitos claros y positivos. La mente es una herramienta muy poderosa. Esto es algo que nuestros ancestros sabían muy bien, y los secretos del poder de la mente se han transmitido de forma oral y escrita a través de sociedades secretas durante generaciones. Hoy en día esta información está al alcance de todos y una parte cada vez más amplia de la sociedad la entiende y la adopta.

La física cuántica ha empezado a explicar a través de la ciencia lo que los antiguos decían hace miles de años: los pensamientos son poderosos y dan forma a nuestra experiencia con mucha más fuerza de la que somos conscientes. El poder de nuestros pensamientos e intenciones es mucho mayor de lo que la mayoría imaginamos.

Cuanto más conscientes seamos de los alimentos que ingerimos y de la calidad de estos, mayor será el conocimiento de nuestro cuerpo, hábitos alimenticios, decisiones y relaciones con respecto a los demás y el planeta.

«Día a día, lo que eliges, lo que piensas y lo que haces es en lo que te conviertes.»

Heráclito

4. Vivir sin hacer daño a los animales

La filosofía de Farmacy Kitchen es disfrutar de una alimentación que no haga sufrir a los animales. Desde un punto de vista intuitivo, así como a partir de la investigación de lo que ocurre en las entrañas de la industria cárnica, se ha incrementado el interés por el modo en que cuidamos de los animales.

No solamente es que las prácticas del sector cárnico repercutan en el bienestar del planeta, es que, además, la configuración del sistema digestivo humano parece indicar que la proteína animal no está indicada para su consumo. A diferencia de los carnívoros, cuyo tracto digestivo corto permite que la carne pase rápidamente a través de su sistema, nuestros intestinos son más largos, como los de otros herbívoros, lo que hace que el cuerpo tenga tiempo de absorber los nutrientes de los alimentos basados en plantas. Así pues, el consumo de carne está relacionado con una mala digestión en los humanos y hace más posible que ingiramos hormonas artificiales, sustancias químicas, toxinas secundarias y parásitos que puedan estar presente en los productos cárnicos. Nuestro cuerpo está diseñado para obtener todos los nutrientes que necesita sin consumir carne ni productos lácteos. Habiendo tantas alternativas buenas a nuestro alcance, es más fácil que nunca pasarse a una dieta sin carne.

Beneficios para ti...

Una alimentación basada en plantas es saludable, muy nutritiva, ética y sostenible. Este tipo de alimentación tiene un gran número de beneficios: los estudios demuestran que puede ayudar en la prevención de algunas enfermedades importantes y representa una actitud más compasiva hacia el cuidado de los animales y el medioambiente.

Una alimentación completa

Un enfoque alimenticio orgánico y basado en las plantas puede proporcionar todos los nutrientes necesarios para una alimentación completa. Por ejemplo, muchas personas que se alimentan a base de plantas ingieren mayores cantidades de potasio, lo que ayuda a reducir la presión arterial, que conlleva una disminución del estrés y la ansiedad, en comparación con las que llevan otros tipos de alimentación. Es posible consumir una gran variedad de nutrientes buenos para la salud y el bienestar sin comer carne, productos lácteos o azúcar refinado. Estas conclusiones se apoyan en una gran cantidad de datos.

Más energía y mayor bienestar

Nuestros niveles de energía son más altos si comemos alimentos naturales y enteros y seguimos una dieta basada en plantas. Hay muchos deportistas de élite, hombres y mujeres, que siguen este tipo de dieta y que sobresalen en deportes que requieren resistencia física, energía y altos niveles de rendimiento puntual.

Salud intestinal

Un intestino sano es la base de un cuerpo sano y muchas enfermedades empiezan por ahí. Cuando seguimos una alimentación variada alta en fibra, con alimentos enteros como cereales, semillas y legumbres, aumenta la cantidad de bacterias beneficiosas en nuestros intestinos que, a su vez, proporcionan salud y bienestar a todo el cuerpo. Los estudios indican que las dietas bajas en vegetales y altas en productos animales pueden aumentar significativamente la inflamación en el interior del cuerpo y alterar la flora intestinal saludable.

«Allí donde te plante la vida, florece con gracia.»

Proverbio francés

... y para el planeta

Una dieta basada en plantas también es beneficiosa para la salud del medioambiente y más amable con los animales. Cultivar plantas tiene un impacto menos negativo sobre el medioambiente que criar animales para la alimentación. Si nos alejáramos de la cría animal para la alimentación, se reducirían el impacto de la deforestación, las emisiones de gases de efecto invernadero y la erosión de los recursos naturales. Los animales disfrutan de la vida, y no de ser criados. en unas condiciones a menudo horribles para acabar en el matadero.

Reducción de la emisión de gases de efecto invernadero

En la actualidad, los sectores cárnico y agrícola son responsables de al menos el 10 % –y posiblemente incluso del 33 %– de las emisiones de gases de efecto invernadero en todo el mundo. Reputados científicos han reconocido el papel positivo de la agricultura ecológica para afrontar el cambio climático y lograr un sistema de producción alimentaria más sostenible y que proporcione alimentos para todo el mundo en el futuro. La tierra almacena carbono, cuyo contenido es mayor en la tierra orgánica, lo que contribuye a reducir las emisiones de gases de efecto invernadero tan necesarias para atacar el problema del cambio climático.

Evitar las sustancias químicas y toxinas que ingieren los animales

Comprar alimentos ecológicos y ser consciente sobre su procedencia nos ayuda a disminuir la ingesta de productos químicos y aerosoles nocivos que se usan en la producción alimentaria predominante. Si consumimos carne y productos animales estamos aumentando nuestra exposición a antibióticos, hormonas artificiales, toxinas industriales, mercurio, plomo y otros metales pesados. Por ejemplo, hoy en día una gran proporción de la población es intolerante a la leche de vaca. Nuestras intolerancias a ciertos grupos de alimentos tienen tendencia a empeorar debido a los muchos productos químicos y medicamentos que se suministran al ganado y que de este modo entran en la cadena alimentaria. Existen muchas alternativas a los productos lácteos. En Farmacy Kitchen nos encanta preparar nuestra propia «leche», mantequilla y yogures sin lácteos (*véase* pp. 74-79).

Los alimentos como medicina

«Numerosos trastornos y enfermedades pueden relacionarse con pautas de pensamiento, hábitos de vida y la calidad de las elecciones alimentarias.»
Doctora Candace B Pert,
Molecules of Emotion

Estilo de vida y salud

Una de las cosas excitantes sobre preparar comida sana es la alquimia que se produce cuando se combinan los ingredientes de una determinada manera, creando algo con un maravilloso sabor y distinto a cualquier otra cosa que hayamos probado.

La comida es el combustible de nuestro cuerpo y es el catalizador de las transmisiones químicas y biológicas que se producen en las células y los órganos, lo que nos proporciona los elementos que necesitamos para crear energía y para una buena salud. Cuanto mejor sea la calidad de este combustible, mejores serán nuestra salud, bienestar y las emociones positivas que sentimos.

La intuición que tuvieron los antiguos filósofos y los sistemas para el bienestar como la medicina china y el ayurveda sobre la relación entre alimentación y salud está regresando a un primer plano ahora que la ciencia explora esta área. En la actualidad, está aceptado que la dieta occidental moderna, con un exceso de alimentos procesados y un déficit de alimentos frescos y enteros, es uno de los principales factores que contribuyen a los niveles actuales de enfermedades coronarias, cáncer, diabetes y enfermedades autoinmunes. Se han descubierto relaciones entre la alimentación y la salud cerebral, la fertilidad y la salud mental.

Ahora que se acepta mayoritariamente que una alimentación pobre afecta a la salud humana de forma negativa, la ciencia se centra cada vez más en los efectos positivos de una dieta sana sobre nuestra salud y felicidad, desde las increíbles propiedades antiinflamatorias de una especia como la cúrcuma a los saludables alimentos fermentados que reponen las bacterias intestinales beneficiosas, esenciales para tratar muchos de los problemas digestivos que hoy en día afectan a muchas personas.

El mensaje central de esta nueva ciencia alimentaria es que una dieta basada en plantas y productos enteros, sin alimentos procesados o con el mínimo de ellos, es una de las mejores formas de mejorar nuestra salud. Incorporar alimentos y métodos de cocción que ayuden a la digestión y reducir aquellos que la dificultan, como la carne, el azúcar, los productos lácteos y el gluten, permite al cuerpo absorber más nutrientes y disfrutar de nuevos niveles de energía. Esto nos remite a nuestro tema de la abundancia sencilla: cocinar y consumir alimentos que hayan recibido el mínimo de interferencias posible desde el agricultor a la mesa.

La alquimia de los alimentos

La idea de la alquimia entre alimentos ha sido un principio central a la hora de reunir las recetas de este libro. Hemos empleado la alquimia en la creación de los platos, haciendo combinaciones únicas de auténticos alimentos y también mediante técnicas culinarias básicas: asado, hervido, horneado y salteado. Así de simple. No hay complicación más allá de estas cuatro técnicas básicas, puesto que no tiene sentido hacer recetas demasiado complicadas. Sí empleamos un robot de cocina y unos cuantos utensilios de cocina básicos, pero en esencia las recetas son claras y fáciles.

Salud intestinal a través de la alquimia de los alimentos

La alquimia de la alimentación implica no solo las elecciones y combinaciones de alimentos que hagamos, también significa trabajar con el propio cuerpo para consumir grupos de alimentos complementarios que requieran el mismo tipo de enzimas para digerir la comida de forma efectiva.

Buena digestión

✓ La verdura y la fruta fresca y ecológica tiene un alto contenido en agua, lo que hace que se digieran fácilmente.

✓ La fibra de los alimentos basados en plantas ayuda a transportarlos por el cuerpo, lo que acelera el tránsito intestinal y da como resultado una menor fermentación y putrefacción en el intestino. Esto es beneficioso en la prevención de enfermedades y para mejorar la salud digestiva. Para estar sanos es necesaria mucha fibra.

✓ Elige alimentos integrales por encima de cereales y granos refinados. Aunque no seas celíaco, los cereales y pseudocereales sin gluten, como la quinua, el mijo y el tef, son más fáciles de digerir y no presentan ciertos alérgenos que se encuentran en algunos granos glutinosos, como el trigo, la cebada y el centeno.

✓ Consume alimentos que ayuden a tu cuerpo a producir bacterias saludables, como el yogur de coco y alimentos fermentados como el kimchi, el miso o el chucrut, que contienen probióticos basados en plantas. Estos ayudan al cuerpo a producir bacterias beneficiosas para conservar los intestinos en las mejores condiciones.

Mala digestión

- Los alimentos procesados provocan estrés al cuerpo y hacen la digestión más lenta, lo que merma la cantidad de nutrientes del cuerpo y causa una sensación de baja energía. El organismo toma prestados nutrientes de otras partes del cuerpo para ayudar a la digestión. Asimismo, la comida procesada tiene un efecto negativo sobre el sistema inmunitario.

- Tanto las carnes rojas como los alimentos procesados se han relacionado con cánceres digestivos, como el de hígado y el de colon. Procura evitarlos en una dieta sana y basada en plantas.

- La carne es difícil de digerir y puede permanecer en el tracto intestinal durante un largo período ya que carece de fibra y agua. Como resultado, la carne de animal puede pegarse a los intestinos en forma de impactación fecal, que puede tener un efecto tóxico en los mismos.

- En la carne cruda o poco hecha hay presencia de parásitos, lo que puede provocar enfermedades y un déficit de flora bacteriana. A través de la carne pueden entrar en el cuerpo muchos parásitos perjudiciales.

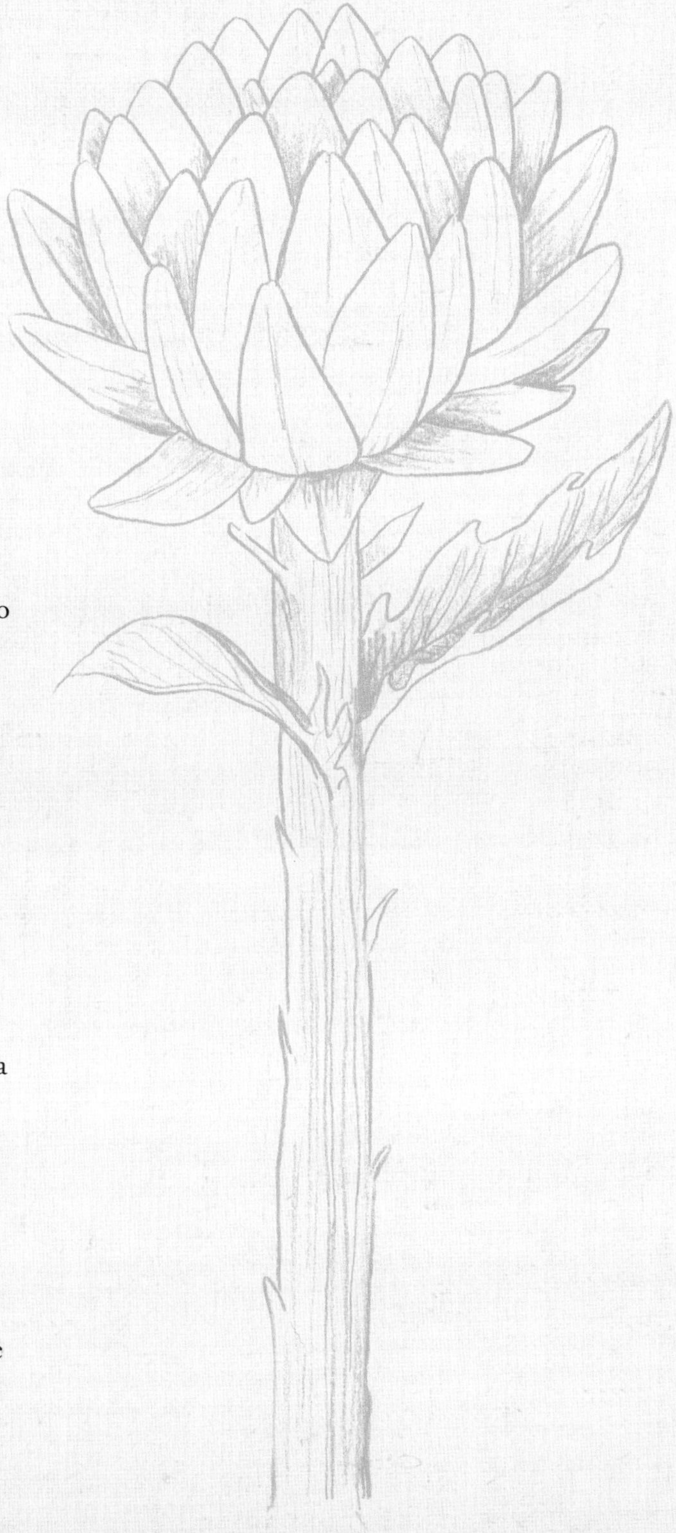

Elegir una buena alimentación

✓ Entérate de lo que te sirven y de si contiene carne u otros productos animales. Pregunta sobre la comida que compras y consumes.

✓ Hazte una prueba de alergias alimentarias y cambia tu alimentación si es necesario. Algunos de los alérgenos más comunes son el gluten, los productos lácteos, los frutos secos y el maíz.

✗ Reduce o elimina los alimentos procesados lo máximo posible.

✗ Reduce o elimina la cafeína, las bebidas carbonatadas, el alcohol, las frituras, el azúcar refinado, los granos refinados, la comida enlatada, la carne, los productos derivados de la carne y la soja no ecológica.

✓ Prueba de vez en cuando a comer un solo tipo de alimento en una comida y observa cómo te hace sentir y la energía que te proporciona.

✓ Elige una dieta basada en plantas.

Fruta

El cuerpo consume mucha energía para procesar la fruta verde. La fruta está cargada de nutrientes y contiene altos niveles de fructosa (azúcar de la fruta), así que hay que consumirla con moderación. Dicho de otro modo, no asumas que es bueno comer toda la fruta posible. Incorporar fruta fresca y madura en tu dieta es saludable en pequeñas cantidades.

✓

Come fruta que esté madura.

✓

Las frutas dulces y ácidas es mejor comerlas por separado para digerirlas mejor.

✓

La fruta debería representar un máximo del 15 % de tu ingesta diaria.

✗

El melón contiene mucho azúcar. Cómelo siempre solo, nunca acompañado de otros alimentos.

✗

No comas fruta y verdura a la vez: para su digestión se requieren diferentes enzimas y el cuerpo las digiere a un ritmo distinto. Combinarlas puede provocar hinchazón y gases.

✓

Cuando bebas zumo de fruta, dilúyelo en un 80 % de agua natural y filtrada para que sea más fácil de digerir.

Ayuno

El ayuno tiene grandes efectos y mejora todos los aspectos de la salud: el cuerpo, la mente y el espíritu. Dejar de comer durante cierto período de tiempo le permite al cuerpo descansar, rejuvenecerse y recargarse de forma natural. El ayuno forma parte de la herencia cultural y espiritual de muchos países. Tiene un efecto potente y positivo y regenera y da energía a los sistemas del organismo.

Existen diferentes modos de plantear el ayuno. Algunas personas ingieren alimento líquido en forma de zumos crudos y con la pulpa; otras solo beben agua. Investiga un poco y descubre qué es lo más adecuado para ti y tu cuerpo para darle un descanso a tu estómago y la oportunidad de hacer un «reset».

Ayunar durante un día puede limpiar el cuerpo y la mente, ayudar a restaurar los niveles de energía y aumentar la sensación de bienestar. Las toxinas acumuladas se liberan durante el ayuno, el cuerpo puede sentir cansancio y un leve dolor y las emociones pueden salir a la superficie y despejarse. Todo esto forma parte del proceso de limpieza. Busca asesoramiento sobre cómo hacer ayuno y cómo volver a comer después de este. Se recomienda volver a comer poco a poco, consumiendo una cantidad pequeña de algo ligero para empezar de modo que la digestión vuelva a ponerse en marcha lentamente. El ayuno puede representar un gran cambio para tu salud y, tras él, apreciarás más el sabor de la buena comida. Si te preocupa el aspecto médico, consulta a un doctor.

Investiga antes de decidir y prueba varios métodos para encontrar el más apropiado para ti y para tu cuerpo.

Perdón
Aceptación
Autocontrol
Verdad
Integridad
Alimento
Gracia

«Ayuno para mejorar mi rendimiento físico y mental.»
Platón

Desintoxicación de lácteos

Los productos lácteos sufren modificaciones genéticas de forma regular, a menos que estén certificados como ecológicos. Las vacas criadas para la producción industrial reciben inyecciones de antibióticos y hormonas de crecimiento, que van a parar a la leche. También suelen alimentarse de grano modificado genéticamente cultivado usando pesticidas, y es muy fácil que estos se transfieran a la leche y a la carne. La especie humana es la única que bebe de forma regular y sistemática la leche de otro animal.

Las vacas lecheras suelen vivir en condiciones inhumanas, cosa que afecta a la salud del animal y, a su vez, el estrés y el miedo que estas sufren afecta a la leche que producen. Consumir leche de vacas que han recibido un mal trato y que han sido inseminadas de forma artificial para que sigan produciendo leche tiene un impacto inevitable sobre la salud y el bienestar del hombre. Mucha gente es intolerante o alérgica a los productos lácteos. Defendemos el abandono de su consumo para disfrutar de alternativas basadas en plantas.

La gente suele preguntar cómo puede asegurarse el consumo suficiente de calcio sin tomar productos lácteos. Las campañas publicitarias del sector hicieron un buen trabajo a la hora de implantar la creencia de que la leche es esencial por su calcio e inculcaron la idea equivocada de que la leche es el único modo de ingerir la cantidad diaria necesaria. El calcio está presente en muchas plantas y semillas y es muy sencillo alcanzar los niveles diarios suficientes a partir de una alimentación basada en plantas.

De hecho, el consumo de productos animales hace que el cuerpo pierda calcio, mientras que este puede encontrarse en abundancia en el reino vegetal en las plantas de hoja de un verde oscuro, como las espinacas, el kale, el brócoli, el berro, los brotes de mostaza y las algas. Todos estos alimentos pueden aportar calcio al cuerpo. Muchas legumbres, frutos secos y semillas también son una buena fuente de calcio, como las lentejas, los garbanzos, la judía blanca y la negra. Las semillas de sésamo, por ejemplo, son ricas en este mineral y son un complemento ideal para ensaladas y todo tipo de platos. Son la base del tahini que usamos en muchas recetas de Farmacy Kitchen (*véase* pág. 68). Existen muchas formas muy sencillas de obtener calcio a partir del consumo de plantas.

«Llegará un día en que hombres como yo verán el asesinato de un animal como ahora ven el de un hombre.»

Leonardo da Vinci

La alquimia de la vida consciente

Cuanta más atención prestamos al modo en que vivimos, a la comida que comemos, a las conversaciones que tenemos, a las elecciones que hacemos, a lo que compramos y a cómo tratamos los recursos de la tierra, más posibilidades tenemos de tomar decisiones mejores y con un mayor empoderamiento que nos llevarán a un futuro más sano y sostenible para todos. El modo en que pasamos nuestro tiempo y con quién lo hacemos, los pensamientos que tenemos sobre nuestras acciones y las palabras que pronunciamos, todo ello tiene un poderoso efecto sobre la salud y el bienestar.

Comer de manera consciente

El poner mayor atención en el acto de comer no solo incrementa la consciencia de lo que comemos y de lo que introducimos en nuestro cuerpo, sino también de por qué, cuándo y cómo comemos. En el ajetreo de la vida moderna, hemos perdido parte de la relación natural con la comida y no siempre nos tomamos el tiempo de prestar atención a lo que vamos a comer.

Al comer de manera consciente, pones la pausa y te detienes a apreciar lo que vas a comer: lo miras bien, lo hueles y te regocijas con la perspectiva y luego te tomas tu tiempo para saborearlo de forma consciente. Esto constituye una parte importante de la digestión y nos ayuda a mejorar la calidad de esta. Si comes mientras consultas el móvil o respondes mensajes, se pierde una parte importante del proceso natural de la digestión.

Comer con consciencia ayuda a la digestión y genera sensaciones de apreciación. Cuando comemos a conciencia, la comida nos sabe mejor, sentimos que nos alimentamos de un modo más profundo y el cuerpo digiere los alimentos de forma más completa. La primera fase de la digestión, llamada fase cefálica, funciona mejor cuando el cuerpo está relajado y prestamos atención al proceso de comer.

La digestión y la nutrición mejoran cuando somos conscientes de dicho proceso a través del olfato, la vista, el gusto, la masticación y el momento de tragar. A través de estos procesos instintivos, el cuerpo envía señales al tracto intestinal y digestivo con información detallada, lo que provoca la secreción de determinadas enzimas que son necesarias para descomponer la comida que van a recibir. Cuanto más consciente sea nuestro modo de comer, mejor será nuestra digestión.

El estrés interrumpe y ralentiza la digestión de forma significativa. Si sufres de una mala digestión, pon más atención comiendo de forma más lenta y consciente. Notarás una gran diferencia en la capacidad de tu cuerpo para asimilar los alimentos y para nutrirse.

Hábitos de fácil adopción para comer de forma consciente

Permanece presente y relajado mientras comes.

Come con todos los sentidos: mira, huele, saborea, escucha, mastica, toca y disfruta cada bocado.

Saca tiempo para comer de forma apropiada.

Crea un espacio agradable donde comer.

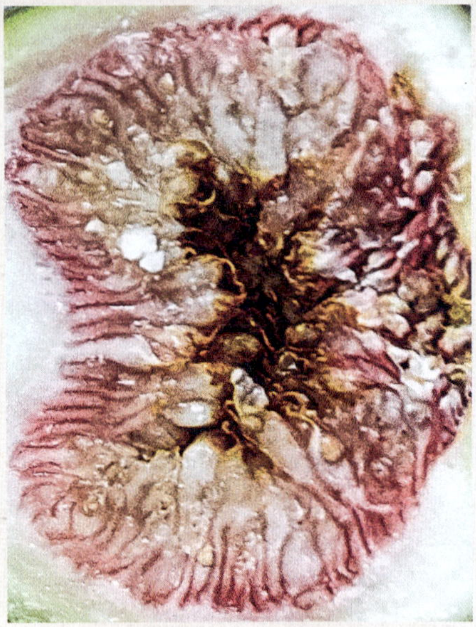
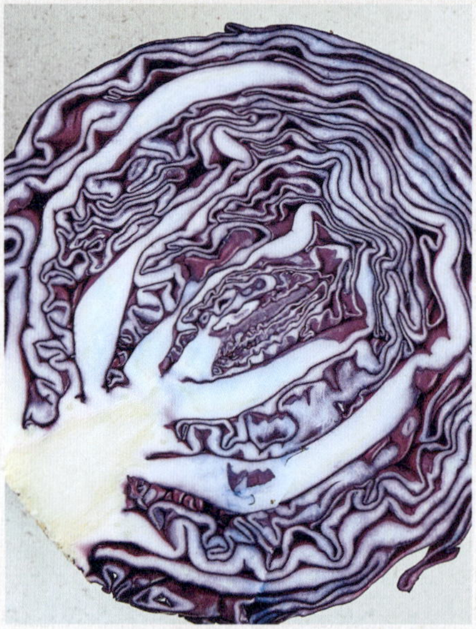

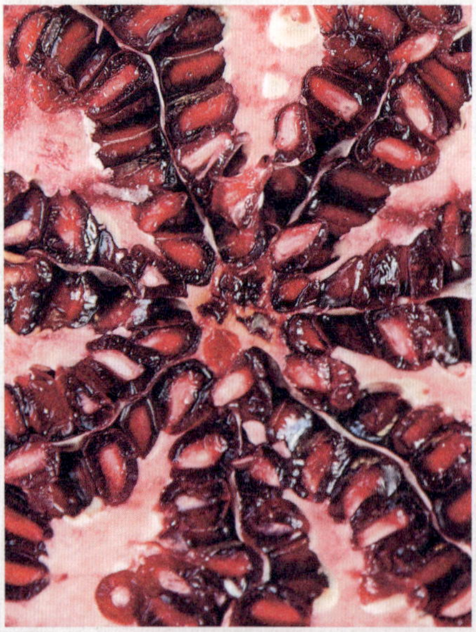

La digestión empieza en la mente

Pavlov, con sus perros, fue el primero que demostró en un estudio científico que los animales empiezan a salivar ante la perspectiva de la comida. Dicho de otro modo, tienen una respuesta digestiva psicológica provocada por tan solo el pensamiento. Desde entonces, hemos descubierto que numerosas respuestas digestivas físicas se producen en los primeros estadios de la digestión, antes de que la comida ni tan solo llegue al estómago. Entre ellas están la salivación, la secreción de ácido gástrico y la activación de enzimas para digerir proteínas, hidratos de carbono y grasas.

Nuestra experiencia del apetito es casi como una danza entre el cerebro y el estómago en la que uno indica al otro si debe sentirse hambriento o saciado. Los estudios demuestran que cuando comemos con consciencia, las sensaciones físicas de saciedad se producen más temprano que cuando no prestamos atención.

El estrés y la buena digestión son contrarios

La parte del sistema nervioso que trabaja junto con la digestión es la del sistema parasimpático, asociada al descanso y la digestión. La respuesta al estrés pone al sistema simpático en alerta, todo lo contrario al modo de digestión, con lo cual el riego sanguíneo prioriza las extremidades por encima de los órganos digestivos, para estar listos para poder huir si fuera necesario.

El estrés hace que no produzcamos las enzimas que necesitamos para procesar la comida. En conclusión, cuando sufrimos estrés la digestión se resiente de un modo significativo. La mejor manera de ayudar al cuerpo a absorber nutrientes y digerir los alimentos es evitar el estrés, centrarnos en el acto de comer y evitar compaginarlo con otras tareas o comer rápido y sobre la marcha. Tómate el tiempo necesario y dedícale a la comida el espacio que se merece. Es importante evitar las distracciones, las conversaciones que nos puedan alterar, las pantallas de ordenador y cualquier otra cosa que nos estrese y, por el contrario, estar tranquilo y relajado para poder digerir la comida del todo.

> «La imaginación lo es todo. Es el avance de lo que está por venir en la vida.»
>
> Albert Einstein

Emplear todos los sentidos

Emplear todos los sentidos y ser conscientes de cómo trabajan juntos es uno de los secretos para una digestión óptima. Cuando experimentábamos con recetas para este libro, invitamos a amigos a probar los platos que estábamos creando y a darnos su opinión. En una parte de la prueba, les pedíamos que comieran con consciencia y en silencio y se pronunciaban unas palabras de agradecimiento antes de empezar a comer. La comida se apreciaba mucho más al comer en silencio, un efecto profundo pero no sorprendente. Todos señalaron que se habían fijado en más detalles acerca de la comida, como el color, la textura y el tacto del plato, y que habían tenido un sentimiento de amor por lo que estaban comiendo. Todo el mundo dijo haber apreciado mucho más la comida que cuando se mantenía una conversación y que la sensación de gratitud por la comida y hacia los demás era mayor.

Olfato

El olfato sirve de guía a una digestión eficaz: nos dice si la comida es fresca o si está pasada. Crea una conexión y una asociación con el centro emocional del cerebro.

Al oler aromas que nos gustan, se disparan fuertes emociones y se liberan en el cuerpo sustancias químicas naturales. Cuando nuestro sentido del olfato está alterado y no olemos bien, por ejemplo, cuando tenemos la nariz tapada por un resfriado, el apetito y la capacidad de saborear la comida se ven afectados. Los buenos aromas dan lugar a una buena digestión y hacen que disfrutemos mucho más de la comida. Nuestro receptor olfativo, la nariz, se encuentra directamente sobre la boca, una posición perfecta para oler y dar el visto bueno a la comida que vamos a ingerir.

Sabor

Cuando decidimos qué vamos a comer, solemos elegir fijándonos en una mezcla de los cinco indicadores principales del sabor: dulce, salado, ácido, amargo y umami. En realidad, empleamos todos los sentidos en el complejo proceso de elegir, comer y digerir alimentos. Masticar la comida ayuda a desarrollar el gusto y la apreciación de sabores que, a su vez, envían información al cuerpo para que se active para la digestión.

El umami es uno de los cinco sabores básicos, junto con el dulce, el salado, el ácido y el amargo. Su nombre en japonés significa «sabor agradable y sabroso». El sabor umami nos llega a través de los receptores gustativos, que reconocen el aminoácido llamado glutamato. Este aminoácido se encuentra en muchos alimentos sabrosos, como los caldos de algas, las setas shiitake, el té verde, los fermentados con bacterias o cultivos de levadura y levadura nutricional.

Los científicos consideran el umami un sabor distinto a los demás puesto que usamos unos receptores específicos para reconocer esta cualidad y no una combinación de otros receptores. Las salsas fermentadas basadas en el sabor umami se empleaban mucho en la antigua Roma y en la cocina medieval y ya desde el siglo III en China.

El primero en hablar del umami, en 1908, fue Kikunae Ikeda, profesor de la Universidad Imperial de Tokio. Observó que el sabor del *kombu dashi* (un caldo vegetal que se usa en la cocina japonesa) era distinto del dulce, el ácido, el amargo y el salado. A este nuevo sabor lo bautizó como «umami», nombre que se usa hoy en día para describir ese quinto sabor.

En los años cincuenta, los científicos descubrieron que se creaba un sabor umami más intenso cuando se combinaban alimentos ricos en glutamato con otros que contienen ribonucleótidos, como las setas shiitake. Cuando se mezclan estos alimentos, se produce como resultado un sabor más intenso que el de cada uno de los ingredientes por separado.

En nuestras recetas usamos este principio alquímico para crear sabores más profundos e intensos gracias a la combinación de determinados ingredientes.

Vista

Las recetas de este libro están repletas de color y se han ideado para que su aspecto transmita belleza. Cuando vemos comida se disparan procesos psicológicos importantes. Cuanto más colorido y fresco sea su aspecto, más ganas tendremos de comerla y más nos entusiasma la perspectiva. Los receptores sensoriales de nuestros ojos tienen un papel importante en el desencadenamiento de la digestión. Podemos ver cuando la comida parece pasada y evitarla si detectamos algo raro o poco apetecible.

La forma en que vemos la comida y la cantidad de esta se ven afectadas por el tamaño y la forma de los platos en que se sirve. Este fenómeno se llama ilusión de Delboeuf. Hay estudios que demuestran que, cuanto mayor es el plato, más pequeña parece la cantidad de comida, lo que interfiere en el cálculo de cuánto comemos. Al ver la comida en relación al tamaño del plato se produce una diferencia de percepción, por lo que conviene elegir bien el tamaño de las raciones y su presentación.

La armonía con el entorno incluye también el dedicar tiempo a presentar la comida de una forma bonita. En Farmacy Kitchen nos gustan las cosas sencillas, como poner unas flores frescas en la mesa, un mantel bonito o algo del huerto que represente la comida y la estación. Usa una vajilla bonita como parte importante de la composición. La armonía del conjunto se suma al disfrute de la comida de una forma maravillosa.

Sonido y tacto

Masticar es fundamental y oír el crujido de las texturas envía al cuerpo una información importante, que luego el sistema digestivo descifra. Así pues, mastica, mastica y mastica. Es fácil que no mastiquemos lo suficiente. A menudo tenemos tanta prisa que olvidamos masticar bien con mucha facilidad.

Para que la digestión funcione lo mejor posible, conviene ralentizar el proceso y empezar a ser conscientes del acto de masticar. Cuanto más tiempo dediquemos a masticar a conciencia, mejor descompondrán los alimentos las enzimas de la boca, mientras que las del estómago tendrán más tiempo de asimilar sus nutrientes.

Elecciones conscientes

Un porcentaje cada vez mayor de todo lo que compramos acaba yendo a la basura a los seis meses de la compra y la mayoría de los residuos no son biodegradables. Prestar mayor atención a la forma en que gestionamos nuestros residuos es esencial para un mundo más sano y sostenible.

Creamos miles de millones de toneladas de residuos al año, y esta cantidad va en aumento. La basura y la forma de gestionar la montaña de residuos que producimos es un tema preocupante.

Di «no» al plástico

El plástico supone un gran problema para la salud del planeta. Ensucia ciudades, el campo, los mares y los ríos y es responsable de muchos problemas de salud de todos los seres vivos, incluidos humanos y animales. La contaminación por plástico es una grave amenaza para el medioambiente, ya que este provoca una exposición a elementos tóxicos en todas las fases de su ciclo de vida. Cada año, se desechan millones de vasos de plástico y miles de millones de botellas de plástico en todo el mundo, y los números aumentan a gran velocidad. Cada vez hay más productos alimenticios envasados en plástico.

El plástico no llega a degradarse completamente, sino que se descompone en fragmentos más pequeños que los animales marinos ingieren o bien forma una especie de polvo de plástico. Cada año mueren millones de aves y otros animales marinos por la ingestión de plástico o por quedar atrapados en él. Se puede decir que todo elemento de plástico que se haya hecho jamás todavía existe, ya que no hay proceso ni animal que pueda descomponerlo del todo.

Cuando guardamos comida en film o recipientes de plástico, puede impregnarse de sustancias químicas que producen toxicidad. En Farmacy Kitchen evitamos el uso de plástico y optamos por materiales biodegradables para el envasado y las pajitas. También utilizamos productos de limpieza, jabones y todo tipo de elementos para la cocina que sean ecológicos.

Cómo reducir tu huella de plástico

No aceptes bolsas de plástico: usa bolsas reutilizables hechas de materiales ecológicos, como el cáñamo.

Compra alimentos frescos en los mercados o a agricultores locales. Di «no» a los envases no biodegradables.

No compres botellas de plástico. Instala un filtro para mejorar la calidad de agua de tu casa y lleva siempre una botella reutilizable para el agua.

No aceptes pajitas de plástico cuando te las ofrezcan en restaurantes y bares.

Elige productos con envase de cartón antes que en botella de plástico.

Compra bolsas de basura y productos con envases biodegradables siempre que puedas.

Guarda la comida en recipientes de cristal y no en plástico para evitar que absorba sustancias químicas.

Busca establecimientos que animen a los clientes a llevar sus propios recipientes reutilizables de casa para comprar ciertos productos básicos.

Agricultura sin productos químicos

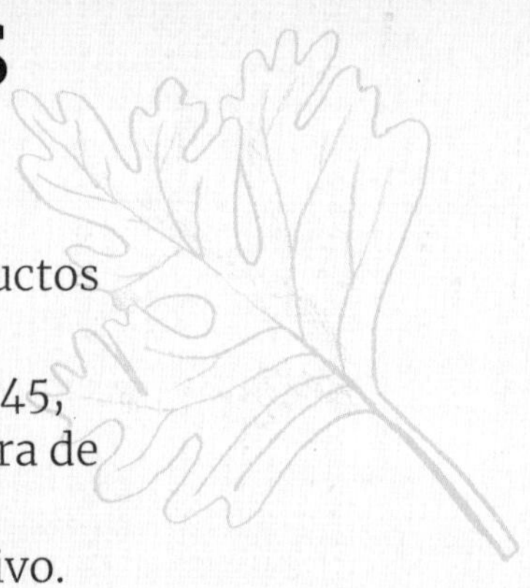

En el pasado, se cultivaba sin emplear pesticidas tóxicos ni productos químicos perjudiciales. Toda la comida se producía de manera ecológica; en otras palabras, sin aditivos químicos. A partir de 1945, los agricultores empezaron a añadir productos químicos a la tierra de cultivo y a utilizar aerosoles para matar a los insectos y a los animales que se comían la cosecha durante la temporada de cultivo.

Hemos tardado décadas en darnos cuenta de que los productos químicos que matan a insectos tampoco pueden ser buenos para los humanos. Ahora podemos ver los efectos negativos sobre la salud que tiene el haber permitido que esos productos se hayan establecido como parte de la cadena alimentaria durante los últimos 60 años. Los productos químicos empleados en el cultivo penetran en los alimentos a través de su piel y de la absorción directa del agua de la tierra. Estamos contaminando la fruta desde dentro: lavar la piel de frutas y verduras sí que ayuda, pero no elimina todos los productos químicos que estas absorben en sus células a través del suelo y de la membrana de su piel.

> «Si los alimentos son medicina, es fundamental cómo los producimos. Farmacy Kitchen apoya la agroecología y las prácticas agrícolas regenerativas que remineralizan la tierra y contribuyen a la biodiversidad del suelo, lo que nos ayudará a sobrevivir y a desarrollarnos en una sociedad bien alimentada y con una biosfera próspera. Creando un microbioma diverso en el suelo es como podremos empezar a cultivar una sociedad cívica. Llegaremos a ser realmente civilizados cuando estemos bien alimentados.»
>
> Emma Goodwin, agricultora biodinámica

La mayoría de los alimentos cultivados mediante métodos convencionales se rocía en abundancia y con mucha frecuencia durante la época de cultivo para que tenga buen aspecto, ahuyentar a los insectos y evitar marcas en la piel, de modo que sea más fácil de vender. En Farmacy Kitchen utilizamos alimentos ecológicos siempre que sea posible y los compramos en su forma más básica y completa a productores regionales y locales, ya que preferimos prepararlo todo desde cero y asegurarnos de que sea de la mayor calidad y no lleve aditivos químicos.

Los pesticidas al descubierto

La industria de los pesticidas mueve miles de millones en el mundo y las grandes empresas químicas que producen pesticidas y fertilizantes gozan de mucho poder y de la participación en numerosos estudios. Algunos de ellos están subvencionados en parte por las mayores compañías de pesticidas del mundo y han excluido algunos efectos de gran importancia sobre la salud por «motivos de costes». Si estos efectos negativos se hubieran incluido en los estudios, los resultados y conclusiones habrían sido muy distintos, y probablemente habrían perjudicado la reputación de las grandes industrias químicas.

Al ver imágenes de gente con máscaras y monos de trabajo para protegerse cuando rocían las cosechas, debemos empezar a hacernos más preguntas acerca de los estándares de la industria y de los problemas de salud provocados por la práctica extendida de cubrir los alimentos y la tierra de sustancias químicas.

La calidad de la tierra

La calidad de la tierra en nutrientes se ha visto mermada y desequilibrada como resultado de la aplicación de productos químicos, mientras que los niveles de nutrientes de la tierra en todo el mundo están alcanzando unos niveles tan bajos que han suscitado una preocupación internacional. Las industrias agricultoras de todo el mundo deben invertir toda su atención en resolver la situación y tomarla como una prioridad. Cultivar alimentos no contaminados en suelos con alta densidad de nutrientes es una de las necesidades más transcendentales y urgentes a las que se enfrenta el mundo hoy en día.

Los estándares de la producción ecológica

Los requisitos para certificar la producción ecológica varían según el país. Los principios generales suelen especificar como mínimo lo siguiente:

- La tierra no debe haberse tratado con sustancias químicas y fertilizantes tóxicos durante los tres años anteriores a la certificación.
- Se registra y se hace un seguimiento de una información detallada sobre los métodos y materiales empleados en el cultivo.
- No se permite ingeniería genética, irradiación ni lodo de depuración.
- La fertilidad del suelo y los nutrientes deben gestionarse a través de determinadas prácticas de cultivo.

Sostenibilidad

La agricultura ecológica permite una producción sostenible de alimentos de manera beneficiosa para el medioambiente y la economía y opera en consonancia con la naturaleza. Esta también se centra en la rotación de cultivos y en el empleo de abonos animales, el compostaje y el control de plagas de forma ecológica. Al comprar a productores ecológicos, sabemos que la comida se ha producido utilizando menos productos químicos sobre la tierra. El agua de los cultivos va a parar directamente a los ríos. La agricultura ecológica fomenta la vida salvaje y la biodiversidad.

Preguntémonos...

Cuando nos implicamos de forma activa en un modo de vida más consciente es importante saber de dónde provienen los alimentos: ¿cumplen los requisitos ecológicos (sin pesticidas)?, ¿la calidad del suelo de cultivo es sostenible?

Productos de belleza naturales y caseros

Al final del libro incluimos algunas recetas para productos de belleza y para el hogar de modo que puedas empezar a preparar tus propios productos con ingredientes sin sustancias químicas o no deseables. Preparar cosméticos, productos para el cuidado de la piel y para la limpieza del hogar con productos naturales no solo ahorra dinero, sino que también te ofrece la confianza de saber que son ecológicos. Además, gozarás del placer de prepararlos con tus manos y con todo el amor en tu propia cocina.

> «Farmacy Kitchen es el primer libro con el que he disfrutado realmente comiendo. Como agricultora biodinámica tengo la suerte de consumir productos frescos y sabrosos durante todo el año y, cuando como fuera, suele disgustarme la comida. Es enorme el cuidado y el mimo que dedican a la preparación de la comida para que no solo sepa bien, sino que también haga que el cuerpo se sienta estupendamente. Me encanta la creatividad y belleza de esta comida.»
>
> Dorothea Leber, agricultora biodinámica

En la cocina de Farmacy

Compartimos contigo una lista práctica y sencilla de ingredientes básicos para tener siempre en la despensa. Esta sección contiene toda la información que necesitas para preparar frutos secos, semillas, granos y leguminosas y también una sencilla guía sobre cómo cultivar tus propios germinados. Después de una fácil preparación, resulta muy rápido hacer las recetas que vienen a continuación con los ingredientes nutritivos y activados.

Básicos para la despensa

No olvides elegir productos ecológicos y comprar alimentos de la mejor calidad posible. A nosotros nos gusta trabajar con proveedores independientes para apoyar los negocios locales y los productores ecológicos. Busca en tu zona granjas y tiendas de alimentación sana. Verás que muchos de los ingredientes aquí incluidos se encuentran en supermercados o tiendas de alimentación sana. También puedes ir creando tu propia despensa con el tiempo a medida que pruebes recetas y te vayas familiarizando con los ingredientes menos conocidos.

Básicos de la cocina

Aceite o mantequilla de coco prensados en frío
Algas marinas: dulse, kombu, nori, wakame
Bayas de Goji
Cacao
Coco deshidratado
Copos de avena (sin gluten)
Copos de tef
Crema de coco
Dátiles
Frutos secos: almendras, anacardos, avellanas, nueces de macadamia, nueces pacanas, pistachos, nueces
Garbanzos
Levadura nutricional
Miel (cruda)
Mijo
Miso de arroz integral (ecológico, sin OGM ni gluten)
Mostaza de Dijon ecológica
Néctar de coco
Polen de abeja
Probióticos en polvo
Quinua
Semillas de cáñamo
Semillas de chía
Semillas de lino enteras (moler en casa para conservar nutrientes)
Semillas y pipas: cáñamo, calabaza, sésamo, girasol
Setas deshidratadas, en especial shiitake
Sirope de arce
Tahini
Tamari (ecológico y sin OGM)
Trigo sarraceno en grano

Hierbas y especias

Asafétida (opcional: puede usarse para cocinar leguminosas)
Canela
Cilantro
Clavo
Comino
Cúrcuma
Jengibre
Nuez moscada
Pimienta de Cayena o chile en copos
Pimienta negra
Sal: sal marina, sal rosa del Himalaya y escamas de sal (evita la sal de mesa corriente porque suele producirse de forma industrial y contiene sustancias químicas perjudiciales)
Semillas de hinojo

Harinas

Arroz
Garbanzo
Tapioca
Tef
Trigo sarraceno

Aceites

Aceite virgen de coco prensado en frío
Aceite de oliva virgen extra prensado en frío
Sésamo: normal y tostado
Girasol

Vinagres

Arroz
Jerez
Sidra de manzana

Hogar y belleza

Aceite de menta (para uso alimentario)
Bentonita
Carbón activo

Sustituto del huevo

En nuestras recetas, empleamos la chía o semillas de chía en sustitución del huevo. Orientativamente, 1 una cucharada de semillas de lino o de chía mezcladas con 2 ½ cucharadas de agua para crear este «huevo» basado en plantas. Deja las semillas en remojo durante 15 minutos y tendrás un sustituto perfecto.

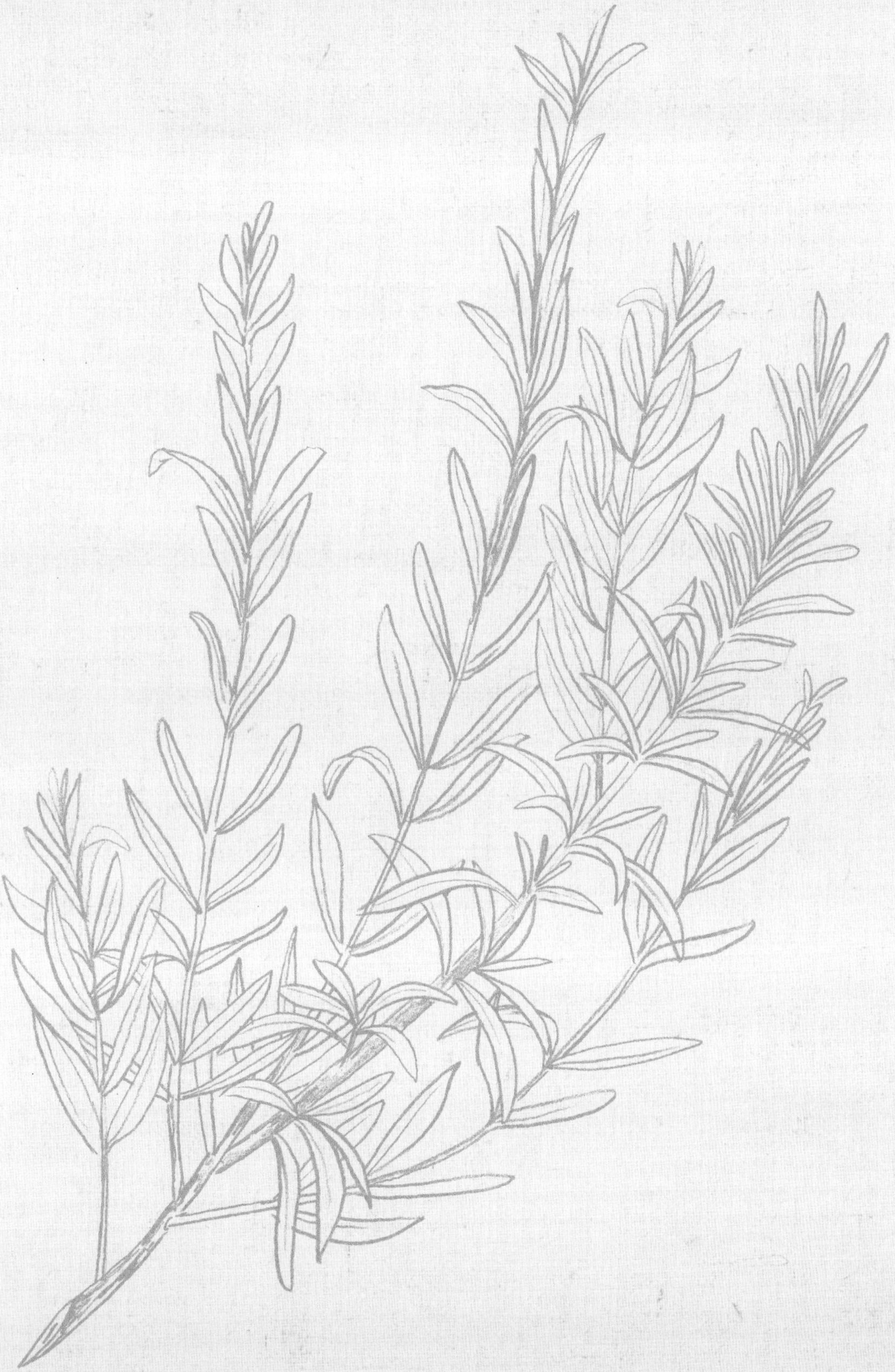

Germinado de soja verde
Mermelada de fruta con chía
Kimchi fermentado
Judías germinadas
Yogur de anacardos
Caldo vegetal
Caldo de algas
Salsa tahini
Leche de frutos secos
Salsa verde

Arroz
Mantequilla
de frutos secos
Dátiles
Algas
Salsa del filósofo
Salsa del alquimista
Frijoles
cargamanto
Mezcla de
semillas
Kimchi en
fermentación
Sal
Habones
Nueces
Soja verde
en germinación
Aceite
de oliva

Utensilios de cocina

Un robot de cocina de calidad

Esta es una buena inversión para una cocina basada en plantas. Elige uno con una gran variedad de accesorios y un recipiente grande. También es útil tener un recipiente más pequeño para preparar salsas y aliños. Son caros, pero te durarán mucho tiempo. La mayoría de las buenas marcas tienen garantía para varios años.

Batidora

Una batidora de alta velocidad sirve para cosas distintas que un robot de cocina. Empléala para preparar zumos, *smoothies*, sopas o leches de frutos secos y para procesar harinas de frutos secos.

Exprimidor eléctrico

Este pequeño aparato facilita la tarea de hacer zumos de cítricos. Es rápido y fácil de usar y su limpieza es muy sencilla. Corta el cítrico por la mitad, presiona una de ellas sobre el exprimidor y este filtrará la pulpa y las pepitas en cuestión de segundos. El zumo va a parar directamente a un vaso colocado bajo la boca: así de sencillo.

Batidor eléctrico

Un sencillo batidor eléctrico de mano resulta muy útil y lo empleamos en varias recetas.

Tarros para germinación

Compra un surtido de tarros para germinar en casa. Estos tienen una tapa de red hecha de muselina o algún tipo de tela de malla, lo que permite que el aire llegue a los brotes y hace que sea fácil escurrirlos.

Centrifugador de ensaladas

Un buen centrifugador de ensaladas de toda la vida es un utensilio muy práctico para lavar y escurrir las ensaladas y los brotes. En Farmacy Kitchen no podríamos vivir sin él.

Bolsas para leche de frutos secos

Elige una versión sostenible y compostable de cáñamo y algodón mejor que una sintética. Estas bolsas tienen usos numerosos aparte de separar la pulpa de la leche de frutos secos: para separar hierbas y especias en sopas y guisos, para hacer queso de frutos secos, como escurridor de ingredientes blandos o como bolsa gigante de té para una jarra o tetera. Tenlas siempre a mano y, después de cada uso, lávalas a mano o en el lavavajillas para que estén limpias y a punto para el siguiente uso. Nosotros las usamos a diario.

Tablas de cortar

Elígelas de madera y no de plástico. Lávalas, enjuágalas, sécalas y pásales un trozo de limón fresco para desinfectarlas.

Cuchillos buenos

Invertir en un juego de cuchillos bien afilados te ahorrará tiempo, te permitirá hacer cortes finos y te facilitará mucho la preparación de la comida. Las hojas de cerámica van bien. Mantén los cuchillos en buenas condiciones afilándolos a menudo para asegurar un corte preciso, lo que hace que la comida tenga mejor aspecto.

Mandolina

Es un utensilio muy práctico para rallar los alimentos en distintos grosores y anchuras. Puedes cortar verduras y frutas firmes en lonchas, en rejilla, ondulados o a dados. Escoge uno que sea fácil de limpiar y seguro de usar. Lee opiniones, puesto que hay varios tipos y estilos entre los que elegir.

Olla a presión

La olla a presión está ideada para reducir los tiempos de cocción a la mitad o más y para que la comida retenga más nutrientes. Por ejemplo, preparar judías en olla a presión reduce el tiempo de cocción de 2 horas a 20 minutos, y a quién no le gusta ahorrar tiempo en la cocina... La calidad de estas ollas ha mejorado considerablemente en los últimos años y son mucho más fáciles de usar que antes. No es imprescindible tener una, pero te ahorran tiempo y esfuerzo.

Coladores

Ten coladores de calibre fino y medio en la cocina y elige los que no sean de plástico, sino de material ecológico.

Termos y botellas de agua

Ten una variedad de termos de acero inoxidable para uso alimentario y botellas de agua reutilizables. Son ideales para llevar bebidas. Conservan las bebidas frescas y así no tienes que comprar agua en botella de plástico. Comprueba que no tengan una cobertura plástica interior que pueda desprender sustancias químicas.

Recipientes herméticos

Los recipientes de cristal o de acero inoxidable para uso alimentario son los mejores para guardar, congelar y transportar comida. Los recipientes tradicionales de plástico pueden contener sustancias químicas, como el bisfenol A, que pueden pasar a los alimentos. Recomendamos no usar los de plástico para guardar comida, y así evitar el bisfenol A (comprueba siempre el etiquetado antes de comprar) y elegir los de cristal o metal apto para uso alimentario. Evita usar papel de aluminio para cocinar o envolver la comida. Envolverla en papel de aluminio y luego calentarla, sobre todo si es comida ácida o con especias, a altas temperaturas, puede hacer que el aluminio pase a los alimentos. Elige siempre alternativas sin plástico ni aluminio y utiliza bolsas de papel para guardar comida y papel sulfurizado para hornear y envolverla.

Sistema de filtrado de agua

La calidad del agua del grifo varía mucho según donde vivas. Esta puede contener flúor, cloro, pesticidas y metales pesados en cantidades variables. Vale la pena comprobar la calidad de tu agua (hay kits baratos para hacerlo) y plantearte el uso de filtros o sistemas de filtrado para mejorarla.

Batería de cocina

Reducir tu exposición a toxinas y sustancias químicas significa prestar atención a los cazos y sartenes que empleas en la cocina. Fíjate en la calidad y en los materiales de tu batería de cocina. Busca utensilios ecológicos o «verdes» para garantizarte una batería de cocina segura para la salud.

La cerámica es una elección siempre sana. Los utensilios de hierro colado esmaltados en cerámica son una elección popular y versátil. Pueden ir del fogón al horno y tienen una buena superficie antiadherente. Ten cuidado de no rayar o astillar la superficie cuando los limpies. Las cazuelas de barro son ideales para el asado. Retienen el calor tras la cocción y mantienen la comida a buena temperatura hasta el momento de servir. Comprueba que el barniz empleado no contenga productos tóxicos, como, por ejemplo, plomo. Lee las etiquetas e investiga con atención sobre la calidad de tu batería de cocina.

Hay quien dice que las baterías de acero inoxidable son seguras y quien cree que, si se usan para cocinar alimentos ácidos, pueden desprender níquel, cobalto y cromo. El acero inoxidable contiene níquel, que puede provocar alergias. Para verificar su presencia, coge un imán y comprueba lo magnético que es el cazo o sartén. Cuanto más lo sea, menor es la presencia de níquel.

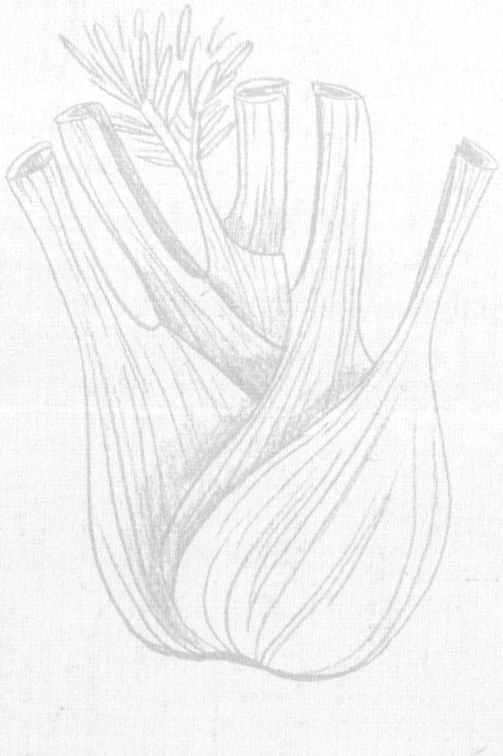

El cristal no es peligroso ni tóxico. No es tan buen conductor del calor como la cerámica, pero no contiene toxinas y su uso en la cocina es seguro.

Evita el aluminio, no es un material seguro para cocinar y se ha relacionado con el Alzheimer y la demencia. Cuando se calienta, el aluminio traspasa fácilmente a la comida, sobre todo al cocinar alimentos ácidos. Algunas sartenes o cazos tienen un centro de aluminio recubierto de otro metal más seguro porque se calienta más rápido. El problema es que, si se daña la superficie, la comida puede quedar expuesta a este. Es mejor evitar cocinar en cualquier recipiente que contenga este metal. Es también recomendable evitar el cobre, ya que, según algunos estudios, este también puede traspasarse a la comida, de modo que podríamos estar consumiendo más de la dosis diaria recomendada, lo cual puede ser perjudicial.

El teflón se hizo muy popular porque evita que la comida se pegue. Sin embargo, es fácil que se raye y, en caso de dañarse la superficie de teflón, este puede traspasar a la comida y ser ingerido junto con esta. El teflón rayado puede dejar expuesto el material que haya debajo, que a menudo es un metal perjudicial como el aluminio. El teflón libera gases tóxicos cuando se calienta, y no es recomendable respirarlos o que el cuerpo los absorba.

No debe emplearse plástico para cocinar. Cuando se calienta o se lleva al microondas, las sustancias tóxicas que contienen pasan directamente a los alimentos y tienen efectos negativos sobre la salud. Muchos plásticos desprenden xenoestrógenos o bisfenol A al calentarse, que son hormonas artificiales que provocan desequilibrios hormonales. Por eso nunca debe calentarse un recipiente de plástico o poner comida o líquidos calientes en cuencos de plástico. Recalentar comida rápida en recipientes de plástico o comida precocinada comercializada en bandejas de plástico puede hacer que se transfieran sustancias químicas y toxinas a la comida y no es un método saludable para calentarla.

Preparación de frutos secos, semillas, granos y leguminosas

Los frutos secos, semillas, granos y leguminosas ofrecen algunas de las mejores fuentes de nutrientes esenciales, como vitaminas, fibra alimentaria, grasas saludables y proteínas. En Farmacy Kitchen los usamos habitualmente para crear platos ricos en nutrientes, texturas crujientes y salsas cremosas.

Los frutos secos y semillas activados al ponerlos en remojo se convierten en una fuente mucho más potente de vitaminas y nutrientes. Cuando estos alimentos crudos entran en contacto con el agua, recobran la vida y empiezan a sacar brotes. Numerosas variedades tienen inhibidores enzimáticos para protegerse durante los primeros estadios de crecimiento. Dichos inhibidores retardan la absorción natural de nutrientes y, al sumergirlos en agua, quedan neutralizados, lo que hacen que los frutos secos y semillas sean más nutritivos y fáciles de digerir. El remojo también elimina restos de polvo o taninos, lo cual también confiere mejor sabor.

Como norma general, los frutos más densos necesitan un período de remojo más prolongado. Pero ten cuidado con no sumergirlos más tiempo del recomendado (*véase* tabla inferior), ya que esto podría alterar su sabor, textura y beneficios nutricionales.

Para dejar los alimentos en remojo es mejor hacerlo a temperatura ambiente. En el caso de la mayoría de los frutos secos es mejor dejarlos toda la noche y enjuagarlos y escurrirlos por la mañana.

Los frutos secos y semillas que tanto nos gustan proporcionan un amplio abanico de sabores y son muy versátiles. Los anacardos aportan una textura cremosa y un sabor suave, las almendras están cargadas de nutrientes y poseen cualidades alcalinizantes muy beneficiosas para la salud, mientras que de las nueces se dice que son buenas para el cerebro por sus altos niveles de omega 3.

Frutos secos

Almendras	toda la noche	Las almendras crudas contienen más nutrientes que ningún otro fruto seco, como vitamina E, calcio, fósforo, hierro y magnesio. También contienen zinc, selenio, cobre y niacina y pueden molerse para hacer harina.
Anacardos	1-2 horas	No tienen inhibidores enzimáticos, así que necesitan menos remojo. Contienen grasas monoinsaturadas, hierro y minerales, como cobre, magnesio, tiamina, calcio y niacina. Tiene alto contenido en almidón, por lo que van bien para salsas, cremas y como agente espesante.
Nueces pacanas	4-6 horas	Contienen más de 19 vitaminas y minerales, como vitamina A y E, calcio, magnesio, potasio y zinc. Tan solo 25 g proporcionan cerca del 10 % de la cantidad diaria de fibra recomendada.
Nueces	1-2 horas	Presentan una alta concentración de ácidos grasos omega 3 y antioxidante.

Nueces
Frijoles cargamanto
Quinua
Pipas de girasol

Semillas y granos en remojo

Trigo sarraceno	Semillas de lino	Mijo	Quinua	Arroz	Girasol	Tef
8-12 horas	8 horas	8-12 horas	8-12 horas	8-12 horas	4 horas	8-12 horas

El tiempo de cocción de los granos es inferior si antes han estado en remojo. Esto también los hace más fáciles de digerir y más nutritivos.

Para sumergirlos, calcula 2 cucharadas de zumo de limón o vinagre sin sabor (o menos, según te guste o no el sabor ácido) por 185 g de grano y añade agua templada.

Echa el grano, el zumo o vinagre y el agua en un cazo y déjalo en remojo toda la noche.

Cuanto más tiempo permanezcan en remojo, menos agua y tiempo harán falta para cocinarlos. Si los has sumergido antes en agua, reduce la cantidad de agua especificada en el paquete un 25 % y el tiempo de cocción un 20 %.

Tras el remojo, enjuaga bien el grano hasta que el agua salga clara, y listos para cocinar.

Semillas y granos (cocción)

	Trigo sarraceno	Mijo	Quinua	Arroz basmati	Arroz integral	Arroz blanco
Agua (ml)	120 ml	355 ml	355 ml	295 ml	530 ml	235 ml
Tiempo de cocción (minutos)	5	10-15	10-15	20	35	15
Tiempo de reposo (minutos)	20	20	20	20	20	20

Los tiempos de cocción de la tabla superior son para 180 g de grano seco. Añade siempre ¼ cucharada de sal al agua antes de cocinar.

El grano necesita un tiempo para acabar de absorber toda el agua una vez retirado el cazo del fuego. Deja reposar el cazo con la tapa puesta durante 20 minutos. El grano quedará cocinado a la perfección si dejas que absorba todo el líquido.

Seca el mijo salteándolo antes de cocinarlo en una sartén a fuego medio hasta que desprenda un aroma a tostado. De este modo el grano quedará suelto.

Cómo activar frutos secos y semillas

Lávalos con agua, ponlos en un cuenco grande o tarro de cristal y echa agua. Cúbrelo con una tapa o trapo fino y déjalos en remojo durante el tiempo especificado en la tabla (*véa*se pp. 49 y 51). Vuélvelos a lavar y guárdalos en la nevera uno o dos días.

Cómo deshidratar frutos secos

Precalienta el horno a la temperatura más baja, distribuye los frutos secos sobre la bandeja y hornéalos durante varias horas. También puedes ponerlos en un deshidratador durante 24 horas hasta que queden crujientes. Una vez activados y deshidratados, pueden conservarse en un recipiente hermético en un lugar seco y oscuro durante varios meses. Si no se han secado del todo previamente, pueden desarrollar moho, por lo cual es importante asegurarte de que así sea.

Cómo preparar harina de frutos secos

Es muy sencillo preparar esta harina en casa. Los mejores frutos secos para hacer harina son almendras, anacardos y avellanas. Asegúrate de que sean frescos y emplea almendras escaldadas o, de lo contrario, obtendrás almendra molida.

Pon los frutos secos en una batidora, molinillo o robot de cocina y muele durante 8-10 segundos hasta que adquiera textura de harina. Ten cuidado de no excederte y para antes de que adquieran una consistencia como de mantequilla. Almacena en un recipiente hermético y seco en un lugar oscuro y sin humedad.

Nota sobre alergias a los frutos secos

Algunas personas sufren reacciones alérgicas graves a los frutos secos. Cuando cocines para un grupo de gente, es importante preguntar si alguien padece algún tipo de alergia o intolerancia.

Germinación

Los germinados son entre 10 y 30 veces más nutritivos que las verduras. Son uno de los alimentos enteros más nutritivos y llenos de sabor. Al ingerir germinados como alimentos vivos, el cuerpo absorbe directamente la energía de los brotes. En el estadio de germinación es cuando las plantas tienen la mayor concentración de nutrientes durante todo su ciclo de vida. Los germinados son fáciles de digerir gracias a sus delicadas paredes celulares.

También resulta muy sencillo y barato prepararlos en casa, entre otras numerosas ventajas, como la de saber que están libres de sustancias químicas. Se tarda poco en aprender a germinar en casa y, de este modo, tendrás acceso a alimentos vivos llenos de nutrientes durante todo el año. Al añadir agua a las semillas, estas empiezan a sacar brotes al pasar a la fase de crecimiento. Durante los primeros días es cuando estos pequeños brotes están en su estadio más potente y de mayor densidad nutritiva, cargados de enzimas, vitaminas y minerales.

Cómo germinar

Usa un tarro de conserva con tapa metálica que se pueda cubrir con muselina o un tarro de cristal para taparlo con un paño limpio. Coloca las semillas en el fondo del tarro y pon la tapa. Echa tres veces la cantidad de semillas en agua filtrándola a través de la tela, remueve, escurre y desecha el agua. Cubre de nuevo con agua fresca. Deja en remojo toda la noche.

Al día siguiente, lava las semillas con agua, remueve y escurre de nuevo. Sigue lavándolas, removiéndolas y escurriéndolas durante unos cuantos días hasta que empiecen a aparecer pequeños brotes blancos. Si hace calor, tal vez tengas que lavar y escurrir las semillas dos o tres veces al día. Los brotes seguirán creciendo hasta llenar el tarro.

Sécalos tan bien como puedas (usa un centrifugador de ensaladas si tienes uno). Si se almacenan húmedos se echarán a perder enseguida. Consérvalos en la nevera, idealmente en un recipiente hermético. Apunta la fecha de preparación y de consumo máximo en el propio tarro para ingerirlos en buen estado. Si se almacenan correctamente, duran entre 7 y 10 días.

Estos pasos solo requieren un par de minutos al día y así obtendrás un montón de germinados, vivos, deliciosos y nutritivos, listos para comer. ¡El paraíso de los brotes!

Tiempos de remojo y germinado

	Tiempo de remojo	**Tiempo de germinado**
Alfalfa	5 horas	5 días
Brócoli	8 horas	4 días
Garbanzos	12 horas	3 días
Alholva	6 horas	5 días
Lentejas	8 horas	3 días
Soja verde	8 horas	3-5 días
Quinua	6 horas	1-2 días
Rábano	6 horas	5 días
Girasol	6 horas	24-48 horas

Soja verde en remojo

Tras el remojo
Tras 12 horas de germinación
Tras 24 horas de germinación

Cocinar con leguminosas

Nos encanta utilizar todo tipo de legumbres en nuestras recetas. No emplees las variedades enlatadas para evitar los conservantes, sino que ponlas en remojo y cocínalas tú. Esta guía te dice todo lo que necesitas saber para trabajar con ellas y te revela nuestros mejores trucos.

Diferentes legumbres tienen también diferentes períodos de remojo y cocción (*veáse* tabla a la derecha). Se tardan varias horas en cocer legumbres en una olla normal. Quizá prefieras usar una olla a presión para reducir el tiempo de cocción.

Elige productos ecológicos y compra a granel siempre que puedas en tiendas con una política contra residuos que permitan llevar tus propios recipientes. Comprueba que las legumbres estén frescas y no presenten un aspecto arrugado. Cuando tienen más de 12 meses empiezan a perder su frescura. Si no ves claro que sean frescas, haz un pedido especial a la tienda.

Es importante poner las legumbres en remojo. Esto reduce el tiempo de cocción y ayuda al cuerpo a digerirlas mejor. Puede que tu cuerpo necesite crear las enzimas necesarias para digerir bien las legumbres. Empieza con las más pequeñas (lentejas, azuki) y cuando las digieras bien pasa a las de tamaño medio, como judías negras o pintas, para luego pasar a las de mayor tamaño, como las alubias rojas o los garbanzos.

El consumo alto de legumbres puede provocar exceso de gases en el cuerpo. Estas contienen un azúcar llamado oligosacárido y los humanos carecemos de la enzima que se requiere para descomponerlo. Cuando llega al tracto intestinal inferior, puede fermentar y esto provoca la creación de gases. El intestino no absorbe este gas y el cuerpo tiene que evacuarlo de algún modo, produciendo ese efecto gaseoso no demasiado agradable.

Para evitar los gases, extiende las legumbres secas y sepáralas según su calidad, desechando las que estén secas o descoloridas. Ponlas en un recipiente, echa agua y déjalas en remojo de modo que suelten el azúcar. Cambia el agua varias veces para evitar que vuelvan a absorber el azúcar.

Cuécelas en agua fresca y limpia, junto con ½ cebolla, ½ cucharada de sal y una hoja de laurel. Añade al agua dos pizcas de asafétida (una especia que puedes encontrar en tiendas de especias indias) o de bicarbonato o un trozo de 10 cm de kombu (alga). Esto ayuda a descomponer más el azúcar y a evitar el gas. Ve retirando la espuma de la superficie durante la cocción. Las legumbres estarán hechas cuando estén completamente blandas. La mayoría de ellas requieren una segunda cocción para preparar algunos de los platos de este libro, con la excepción de las lentejas, que pueden quedar hechas un puré si se cocinan durante demasiado tiempo. Para las lentejas, sigue la guía de la página derecha y añade zanahoria y apio troceados para darles un sabor más profundo. Añade granos de pimienta y la mezcla de semillas Farmacy Kitchen (*véa*se pág. 80) y el volumen de agua equivalente al de las lentejas.

Aquafaba

Aquafaba es el nombre común del líquido de cocinar las legumbres, que se suele tirar después del proceso. Contiene una mezcla única de almidones, proteínas y otros sólidos solubles que se han disuelto durante la cocción. El aquafaba es muy versátil y tiene multitud de utilidades, como emulsionar, espumar, ligar y espesar. Se puede emplear en lugar de las claras de huevo en muchas recetas, como, por ejemplo, nuestro alioli (*véa*se pág. 114).

Tiempos de remojo y cocción de las leguminosas

Tipo de legumbre seca, 200 g	Tiempo de remojo	Tiempo de cocción habitual	Tiempo de cocción a presión
Judía negra	4-6 horas	45-60 minutos	15-20 minutos
Garbanzos	Toda la noche	1 ½ -2 ½ horas	15-20 minutos
Lentejas	1-2 horas	20-30 minutos	No se recomienda
Soja verde	Toda la noche	15 minutos	No se recomienda
Soja verde abierta	30 minutos	8-10 minutos	No se recomienda
Judía blanca	Toda la noche	45-60 minutos	4-5 minutos

Consejos

Los tiempos de remojo y cocción varían para distintas leguminosas. Si combinas más de un tipo en un plato, cocínalas por separado.

Puedes usar el agua de cocción enfriada para regar las plantas: les encanta el agua de las legumbres (si no lleva sal).

No olvides hervir las legumbres y retirar la espuma antes de usar una olla de cocción lenta o a presión.

En esta sección encontrarás una variedad de recetas básicas que usamos en casa de forma habitual. Te recomendamos que empieces por ellas y que las tengas siempre a mano en la cocina. Muchas se conservan bien y son un estupendo kit inicial para los platos que siguen. Con estas recetas básicas ya preparadas, estarás a punto para todo.

Básicos

Caldo vegetal

SG SFS VG

Este caldo dorado está lleno de beneficios y conforma la base de muchos platos en nuestra cocina. En él se unen verduras y especias para crear un sabor profundo y proporcionar una buena nutrición. Este caldo es un elixir cargado con una buena dosis de vitaminas y minerales y con un ligero toque picante. También está riquísimo para tomar solo y puedes añadirle tus especias favoritas para disfrutarlo en un frío día de invierno.

Cantidad: 1,2 litros
Tiempo de preparación: 20 minutos

1 tronco de apio cortado en cuatro
2 cebollas a cuartos
1 zanahoria a cuartos
1 nabo a cuartos
1 bulbo de hinojo, incluidas las hojas, a cuartos
2 cucharadas de aceite de oliva
1 diente de ajo cortado por la mitad en sentido horizontal
1 trozo de jengibre fresco de aprox. 1 cm de grosor
3 clavos
1 hoja de laurel
6 granos de pimienta
1 manojo de perejil
1,5 l de agua
1 ½ cucharada de sal

Poner todos los ingredientes en una olla a fuego medio y llevar a ebullición. Reducir el fuego, dejarlo a fuego lento durante 15 minutos y apagar. Colar el líquido y usar como convenga.

Este caldo puede conservarse en un recipiente hermético durante 3-4 días en la nevera o bien congelarse.

Caldo de algas

SG SFS VG

El caldo de algas de Farmacy Kitchen está inspirado en una antigua receta japonesa. Es una base muy nutritiva y rica en minerales ideal para aportar profundidad de sabor sin emplear grasas ni sales adicionales.
Lo usamos en una variedad de recetas, incluidas la salsa del filósofo y muchas sopas. También se emplea para el remojo de semillas de chía y así aportar un extra de sabor a la ensalada César de Farmacy Kitchen (véase pág. 156).

Cantidad: 1,2 litros
Tiempo de preparación: 30 minutos, más 1 hora de remojo

2 trozos de kombu deshidratado de unos 15 cm de largo cada uno, dejados en remojo toda la noche en 1,2 litros de agua.
4 setas shiitake deshidratadas
½ cucharada de sal

Poner el kombu remojado y el agua de remojo en una olla con sal a fuego medio y llevar a ebullición despacio. Justo antes de que el agua rompa a hervir retirar el kombu (es importante no hervirlo o quedará amargo). Conservar el kombu, ya que puede reutilizarse una vez más antes de desecharlo.

Cuando el agua esté hirviendo, reducir el fuego al mínimo y añadir las setas shiitake. Calentar durante 1 minuto, retirando la espuma de la superficie, y apagar el fuego. Dejar reposar en la olla durante 1 hora y luego colar el caldo.

Se puede conservar hasta una semana en un tarro hermético en la nevera o bien congelar.

Salsa del filósofo

SG SFS VG

La salsa del filósofo es la versión de Farmacy Kitchen de una clásica receta asiática de salsa de pescado. Es la manera perfecta de añadir un profundo sabor umami a platos como curris y fideos tailandeses. Es una base muy nutritiva que empleamos en una variedad de recetas de Farmacy Kitchen y que reúne todas las bondades del caldo de algas y del ajo negro.

Cantidad: 250 ml
Tiempo de preparación: 15 minutos

500 ml de caldo de algas (*véa*se pág. 61)
1 diente de ajo negro aplastado
2 dientes de ajo aplastados
1 ¼ cucharada de sal
60 ml (4 cucharadas) de tamari
1 cucharadita de vinagre de Jerez

Poner todos los ingredientes en una olla, llevar a ebullición, bajar el fuego al mínimo y dejar que el líquido se reduzca a la mitad. Esto llevará unos 15 minutos.

Se puede conservar hasta tres meses en un armario oscuro y seco. No hace falta guardarla en la nevera.

Salsa verde

SG SFS VG

Nuestra mágica salsa verde es una salsa cruda inspirada en el *schug* o *zhug*, una especie de salsa de chile picante de origen yemení que aporta un fuerte toque de sabor cuando se añade a cualquier plato. Nosotros la usamos para dar más sabor a ensaladas y a otros platos, como los rollitos de berenjena (véase pág. 120). Combina bien con la salsa tahini (véase pág. 68), puesto que los sabores se complementan. Los chiles contienen fibra y una variedad de vitaminas y minerales, entre ellos hierro, magnesio, potasio, cobre y manganeso. El cilantro y el limón ayudan a la digestión y al sistema inmunitario.

Cantidad: 250 ml
Tiempo de preparación: 5 minutos

2 dientes de ajo aplastados
1-2 chiles jalapeños
1 cucharadita de mezcla de semillas Farmacy Kitchen (*véa*se pág. 80)
1 manojo grande de cilantro, tallos y hojas
125 ml de aceite de girasol o de canola
2 cucharadas de zumo de limón
½ cucharadita de sal

Introducir el ajo, los chiles y la mezcla de semillas en un robot de cocina y mezclar. Añadir el cilantro, el aceite, el zumo de limón y la sal. Trabajar hasta que la salsa adquiera una consistencia fina, como la del pesto. Probar y ajustar el sabor con más zumo de limón si es necesario.

Puede conservarse en un recipiente hermético en la nevera hasta 1 mes. El color puede oscurecerse con el tiempo debido a la oxidación, pero esto no afecta al sabor. Se puede cubrir con una fina capa de aceite para evitarla o bien congelar la mitad para usar en otro momento.

Salsa tahini

SG SFS C VG

Usa esta salsa versátil y sin aceite del modo que te apetezca. Es una de nuestras favoritas y, combinada con la salsa verde (véase pág. 66), se obtiene un sabor celestial. Es rica en proteínas y minerales, incluidos magnesio, potasio y hierro. La usamos para dar un estupendo toque cremoso y nutritivo a muchos de nuestros platos y nos encanta echarla a toneladas en ensaladas o por encima de verduras frescas.

Cantidad: 550 ml
Tiempo de preparación: 5 minutos

250 ml de tahini
125 ml de zumo de limón
½ cucharadita de sal
175 ml de agua

Mezclar el tahini, el zumo de limón y la sal con una batidora e ir añadiendo poco a poco el agua hasta obtener la consistencia deseada.

Se puede conservar hasta una semana en un tarro con tapa de rosca en la nevera.

Salsa del alquimista

SG SFS C VG

Es una de las salsas principales que usamos para aportar profundidad de sabor. Su sabor es parecido al de la salsa Worcestershire y está cargada de beneficios naturales. Usamos la salsa del alquimista en nuestro aliño para la salsa César (véase pág. 156) y como ingrediente especial en el aliño de calabacín crudo en el macrobol Farmacy (véase pág. 164). Esta maravillosa salsa es un nivel más en la escala de sabores umami en la preparación de comidas basadas en plantas. ¡También está riquísima en un Bloody Mary!

Cantidad: 320 ml
Tiempo de preparación: 5 minutos

250 ml de vinagre de sidra de manzana
60 ml (4 cucharadas) de tamari
1 cucharada de néctar de coco
½ dátil, previo remojo durante 30 minutos
¼ de cucharadita de jengibre molido
1 trozo de jengibre fresco del tamaño de una moneda
¼ de cucharadita de mostaza de Dijon
1 cucharada de cebolla a rodajas muy finas
1 diente de ajo aplastado
¼ de cucharadita de canela molida
¼ de cucharadita de pimienta negra
¼ de cucharadita de semillas de cilantro
¼ de cucharadita de semillas de hinojo
½ cucharadita de salsa de tamarindo

Introducir todos los ingredientes en un tarro con tapa de rosca, cerrar y agitar con fuerza. Volver a agitar. Dejar 30 minutos para que los sabores se desarrollen, pero no más que eso, ya que el ajo empezaría a ahogar a los demás. Colar el líquido y pasar a una botella de cristal con tapón.

Se conserva bien hasta 3 meses. No hace falta guardarla en la nevera.

Mermelada de fruta con chía

SG SFS C VG
(si se emplea sirope de arce)

Esta es una saludable mermelada con chía para untar en tostadas, añadir a postres o para completar un yogur probiótico de desayuno. No lleva azúcares refinados y tiene un fresco sabor a fruta. Las semillas de chía están cargadas de fibra, proteínas, ácidos grasos omega 3 y muchos otros beneficios nutricionales. Además, son muy buenas para la digestión.

Cantidad: 125 g
Tiempo de preparación: 5 minutos, más 30 minutos de refrigeración

100 g de fruta fresca, pelada y sin pepitas según convenga (nosotros hemos usado mango, moras y frambuesas)
2 cucharaditas de miel o sirope de arce
2 cucharaditas de zumo de limón
2 cucharaditas de semillas de chía

Poner la fruta en una batidora con la miel o el sirope de arce y el zumo de limón. Batir hasta que adquiera consistencia de mermelada.

Añadir las semillas de chía y remover. Dejar en la nevera 30 minutos para que las semillas de chía se hinchen.

Pueden conservarse en un recipiente hermético en la nevera hasta 7 días.

Mantequilla de almendras

SG VG

Esta receta es toda una maravilla creada con un solo ingrediente que transforma las almendras en una crema de untar suntuosa y aterciopelada. La usamos como sustituto de la mantequilla en varias de nuestras recetas a base de plantas. Las almendras tienen un alto contenido en vitamina E y son uno de los frutos secos más nutritivos. La mantequilla aporta sabor y ayuda a espesar salsas con todos los beneficios de los frutos secos que proporcionan las almendras.

Cantidad: aprox. 250 g
Tiempo de preparación: 20 minutos, más 15 minutos de horneado

500 g de almendras crudas y peladas, sin remojar

Precalentar el horno a 150 ºC, termostato 2. Colocar las almendras sobre una bandeja de hornear y llevar al horno 15 minutos. Hay que vigilar que las almendras no se oscurezcan demasiado, no deben tostarse del todo.

Poner las almendras en un robot de cocina y trabajar a alta velocidad durante 2 minutos. Reducir la velocidad a media y seguir trabajando hasta que la mezcla adquiera una textura cremosa, parecida a la del tahini, y quede fina y aterciopelada. Seguir trabajando mientras queden grumos.

La masa pasará por diferentes estados: de almendra molida a polvo y finalmente a mantequilla. Hay que tener paciencia y rebañar el recipiente con frecuencia, sobre todo al principio. El tiempo que se tarde dependerá de lo frescas que sean las almendras, pero puede llevar hasta 15 minutos.

Notas
Para esta receta no hace falta poner las almendras en remojo. La mantequilla de almendras se liga mejor cuando sus aceites naturales se calientan, lo que hace que se liberen más fácilmente.

Esta receta no funciona con almendra ya molida. Las almendras crudas y peladas producen una textura cremosa y aterciopelada sin la parte sólida de la piel. También puedes usar las almendras con piel para crear una mantequilla más oscura con un sabor ligeramente distinto. Se conserva bien en un recipiente hermético en un lugar fresco y seco.

Yogur de anacardos

SG C VG (si se emplea sirope de arce)

Este yogur rico en probióticos puede comerse solo, usarse en la preparación de salsas o añadirse a otros platos como una guarnición cremosa y decorativa. Con estas cantidades obtendrás un tarro grande de delicioso yogur, muy beneficioso para mantener la flora intestinal y mejorar el bienestar general.

Cantidad: 700 ml

Tiempo de preparación: 10 minutos, más 2 horas de remojo, más 24-36 horas de fermentación

225 g de anacardos crudos y sin sal, previo remojo

300 ml de agua

¼ de cucharadita de probióticos en polvo o dos cápsulas

¼ de cucharadita de vainilla en polvo (opcional)

1 cucharada de miel o sirope de arce (opcional)

1 pizca de sal (opcional)

Lavar y escurrir los anacardos, colocarlos en una batidora con el agua y los polvos o cápsulas probióticos. Batir hasta que quede fino, con una consistencia de crema.

Meter el yogur en un tarro de mermelada limpio y con tapa y cubrir con un paño de cocina limpio o una tela de muselina. No llenarlo hasta arriba para que el yogur pueda desarrollarse sin derramarse.

Dejar en un sitio templado (por ejemplo, encima de la nevera) durante 24-36 horas. Cuanto más tiempo se deje el tarro sin mover, más agrio saldrá el yogur. Estará listo cuando la mezcla tenga aspecto de espuma y se separe de las paredes del tarro. Debería desprender un aroma agrio fuerte y agradable.

Cuando el yogur haya fermentado, volver a poner en la batidora y batir de nuevo, añadiendo los ingredientes opcionales, si se emplean.

Pasar a un recipiente de cristal con tapa y guardar en la nevera.

Se puede conservar hasta una semana en la nevera.

Bebida de frutos secos y semillas

SG SFS (si se hace con semillas)
C VG

Las bebidas de frutos secos son una forma versátil y sana de tomar «leche» sin consumir productos lácteos. Puedes usarlas con los cereales del desayuno, en bebidas, para añadir cremosidad a los *smoothies* y como una base saludable para salsas y purés. Esta es una bebida muy nutritiva, llena de proteínas y beneficios. Si adquieres la costumbre de poner en remojo los frutos secos cada noche, puedes prepararte bebida fresca cada mañana en un visto y no visto.

Cantidad: 1 litro

Tiempo de preparación: 10 minutos, más el tiempo de remojo

150 g de frutos secos o semillas, previo remojo (*véase* tabla en págs. 49 y 51)
1 litro de agua
½ cucharadita de vainilla en polvo (opcional)
1 cucharada de aceite de coco (opcional)
2 cucharadas de edulcorante o 3 dátiles sin hueso (opcional)
1 pizca de sal (opcional)

Lavar y escurrir bien los frutos secos o semillas previamente remojados. Poner en una batidora con el agua, batir y filtrar en un cuenco a través de una bolsa para frutos secos o una estopilla.

Limpiar la batidora. Volver a pasar la bebida por la batidora junto con los ingredientes opcionales, si se desea.

Puede conservarse en una jarra hermética en la nevera 3-5 días.

Nota
Como los anacardos no tienen piel, no hará falta filtrar.

1 Litre
30 OZ
25 OZ
20 OZ
1 PINT

Mezcla de semillas Farmacy

SG SFS VG

La mezcla de semillas de Farmacy Kitchen va mucho más allá del clásico aderezo. Su profundidad de sabor hace que los platos estén a otro nivel. Esta mezcla aparece en muchas de nuestras recetas, así que prepara un buen lote para tener siempre a mano en la cocina. La receta fue una inspiración del chef Peter Gordon. La usamos con mucha frecuencia en Farmacy Kitchen.

Cantidad: 6 cucharadas
Tiempo de preparación: 5-10 minutos

2 cucharadas de comino, 2 de cilantro y 2 de semillas de hinojo

Poner las semillas en una sartén seca, sin aceite, a fuego medio y calentar hasta que desprendan aroma. Este proceso lleva unos 3 minutos. El objetivo no es tostar las semillas, sino que se libere su exquisita combinación de sabores calentándolas juntas en la sartén.

Poner las semillas en un robot de cocina y mezclar hasta que adquieran una consistencia que te guste.

Pueden conservarse en un recipiente hermético y en un lugar seco y oscuro hasta 6 meses.

Aquí encontrarás varias maneras magníficas de empezar el día al estilo Farmacy Kitchen. Desde gachas a un bol de *smoothie*, pan de semillas y todo un festín de desayunos buenos y nutritivos para arrancar el día de forma saludable.

Desayuno

Gachas reconfortantes

SG SFS (si no se emplea pistachos)
VG (si no se emplea miel)

El mijo es uno de los secretos de salud mejor guardados. Tiene un alto valor nutricional y se ha consumido durante siglos en muchas culturas antiguas. Su sabor ligeramente a nuez es delicioso y queda sorprendentemente cremoso al cocinarlo. Además, no contiene gluten. Esta versión de unas gachas es una gran alternativa a las más habituales a base de semillas y granos. Es una buena fuente de proteínas, calcio, hierro, zinc, magnesio y ácidos grasos esenciales, y es beneficiosa para la salud cardiovascular, protege de la diabetes, mejora la digestión y purifica. Al añadir jengibre, cúrcuma, vainilla y canela, también tiene propiedades antiinflamatorias y está llena de antioxidantes.

Para 2 raciones
Tiempo de preparación: 20 minutos, más 8 horas de remojo

100 g de mijo, previo remojo 8 horas o toda la noche.
1 cucharadita de aceite de coco
¼ de cucharadita de canela molida
¼ de cucharadita de jengibre molido
¼ de cucharadita de cúrcuma molida
¼ de cucharadita de vainilla en polvo
225 ml de leche de coco, más un poco más si hiciera falta
235 ml de agua
Una pizca de sal

Para servir
2-4 higos pequeños, a cuartos
2 cucharadas de miel (opcional)
Un puñado de pistachos troceados (opcional)
1 cucharadita de semillas de cáñamo

Enjuagar el mijo en un colador fino bajo el agua corriente y escurrir bien.

Precalentar el horno a 180 ºC, termostato 4. Colocar los higos en una fuente de horno y hornear 15 minutos hasta que queden jugosos y melosos.

Fundir el aceite de coco en un cacito a fuego medio. Incorporar la canela, el jengibre, la cúrcuma y la vainilla y remover. Cuando despida aroma, al cabo de unos 30 segundos, añadir el mijo escurrido y una pizca de sal y remover para cubrir durante 2-3 minutos, tostando ligeramente el mijo.

Echar la leche y el agua y remover. Llevar a ebullición, reducir el fuego, tapar y dejar a fuego lento, removiendo con frecuencia para que no se pegue al fondo del cazo. Al cabo de unos 15 minutos debería haberse absorbido la mayor parte del líquido y las gachas deberían tener una consistencia espesa y cremosa. Si la mezcla se ve seca antes de que el grano esté tierno, echar un poco más de leche de coco.

Servir en cuencos y cubrir con unos higos, miel (si se emplea), pistachos (si se emplean) y semillas de cáñamo.

Tarrina de probióticos

SG C VG
(si no se emplea miel ni polen)

Con esta receta tendrás una preciosa tarrina de probióticos. El yogur probiótico está lleno de bacterias beneficiosas, que estabilizan los intestinos, y al añadir espirulina se aportan minerales y proteínas. La chía va muy bien para acelerar la digestión, aparte de tener un alto contenido en omega 3. Disfruta a la vez que cuidas tu estómago con esta preciosa tarrina cargada de beneficios.

Para 4 tarrinas x 250 ml
Tiempo de preparación: 25 minutos

Para el pudin de chía

475 ml de bebida casera de frutos secos y semillas (*véa*se pág. 78)
1 cucharada de miel u otro edulcorante (opcional)
½ cucharadita de extracto de vainilla
6 cucharadas de semillas de chía

Para el yogur probiótico de espirulina

500 g de yogur de anacardos (*véa*se pág. 76)
¼ de cucharadita de vainilla en polvo
1 cucharada de miel cruda u otro edulcorante (opcional)
½ cucharadita de espirulina en polvo
Una pizca de sal

Para servir

150 g de fresas a rodajas
2 cucharadas de polen de abeja (opcional)
25 g de trocitos de coco
25 g de almendra laminada

Para preparar el pudin de chía, batir la bebida con la miel (si se emplea) y el extracto de vainilla en un cuenco. Añadir las semillas de chía y remover hasta que se mezclen bien. Dejar reposar hasta que las semillas absorban todo el líquido y queden gelatinosas. La mezcla se conserva bien en un recipiente hermético en la nevera hasta 3 días.

Para preparar el yogur, batir todos los ingredientes con una batidora de alta velocidad hasta que se mezclen bien.

Para montar, poner una capa de rodajas de fresa alrededor de los bordes de la base de las tarrinas y echar un poco de yogur. Con una cuchara, añadir pudin de chía por encima.

Para terminar, cubrir con más rodajas de fresa, el polen de abeja (si se emplea), los trocitos de coco y la almendra laminada.

Tortilla proteica

SG VG

Para 4

Tiempo de preparación: 25 minutos, más 5 minutos de cocción

Para las tortillas

375 ml de agua
190 g de harina de garbanzo
5 cucharadas de aceite de oliva
¼ de cucharadita de sal
4 cucharadas de aceite de coco, para freír

Para la salsa *harissa* cremosa

35 g de zanahorias
1 chile rojo
1 cucharada de mezcla de semillas Farmacy
1 diente de ajo aplastado
1 cucharada de aceite de oliva
50 g de cebolla picada
175 g de pimiento rojo troceado
50 g de tomate troceado
Una pizca de pimentón

Para la crema de yogur

150 ml de yogur de anacardos (*véase* pág. 76)
2 cucharadas de levadura nutricional
Sal y pimienta

Para el relleno

2 cucharadas de aceite de oliva
2 dientes de ajo bien picados
400 g de acelga o espinaca al vapor, con las hojas y los tallos por separado

Para servir

Confit de pimiento rojo asado (*véase* pág. 208)
Brotes
Cilantro

Es una receta inspirada en la *socca niçoise* del sur de Francia. Esta delicada tortilla a base de harina de garbanzo es una alternativa fresca y sana a la tradicional de huevo y puede combinarse con toda clase de ingredientes. Nosotros le ponemos acelga, crema de yogur y salsa *harissa* de zanahoria asada. Los garbanzos y los anacardos son una gran fuente de proteína y una forma saludable de empezar el día.

Precalentar el horno a 200 ºC, termostato 6.

Para preparar las tortillas batir todos los ingredientes en la batidora hasta que queden bien mezclados. Pasar a una jarra y dejar reposar 15 minutos.

Mientras tanto, preparar la salsa. Colocar todos los ingredientes sobre una bandeja de hornear y llevar al horno 25 minutos. Retirar y dejar enfriar un poco antes de llevarlo al robot de cocina. Mezclar hasta obtener una salsa cremosa y homogénea.

Mientras se asan las verduras para la salsa, preparar la crema de yogur mezclando todos los ingredientes en un cuenco y separar.

Para preparar las tortillas, calentar a fuego medio una pequeña sartén antiadherente y echar 1 cucharada de aceite de coco. Echar la mezcla suficiente como para crear una tortilla fina de unos 15 cm de diámetro. Dorar por un lado hasta que quede crujiente, darle la vuelta y hacer por el otro lado. Depositar en una bandeja forrada con papel sulfurizado y repetir el proceso colocando una hoja de papel sulfurizado entre cada tortilla a medida que se van apilando. Mientras se prepara el relleno, se pueden conservar en el horno a baja temperatura.

Para el relleno, calentar el aceite de oliva en una sartén grande. Añadir los tallos de acelga o espinaca y saltear hasta que queden tiernos, unos 5 minutos, y luego echar las hojas y continuar hasta que se hayan ablandado. Incorporar el ajo y remover durante un minuto más.

Para servir, untar yogur de anacardos sobre la tortilla, colocar encima la acelga salteada, una cucharada de salsa, el confit de pimiento, unos cuantos brotes y unas hojas de cilantro.

Bol de smoothie verde

SG SFS C (si no se emplea muesli)
VG (si no se emplea polen)

Este bol fresco, verde y vibrante te despertará por las mañanas y te ayudará a empezar el día rebosante de energía. Es una forma fantástica de consumir una buena dosis de vitaminas y minerales de buena mañana. Los ingredientes combinan muy bien y facilitan una digestión y niveles nutritivos óptimos para empezar el día.

PARA 2-3
Tiempo de preparación: 10 minutos

3 melocotones sin hueso
½ plátano
½ aguacate
125 g de espinaca fresca
300 ml de agua de coco
10 hojas de menta

Para servir
Muesli de quinua germinada (*véa*se pág. 94)
Polen de abeja (opcional)
Frutos silvestres frescos
Hojas de menta

Mezclar todos los ingredientes con la batidora hasta que quede una mezcla homogénea y de color intenso.

Repartir en cuencos y decorar con muesli (si se emplea), polen de abeja (si se emplea) frutos silvestres frescos y hojas de menta.

Muesli de quinua germinada

SG VG

Esta receta ofrece un delicioso muesli sin frutos secos ni granos, lleno de nutrientes y vitaminas.

Para 12 raciones

Tiempo de preparación: 10 minutos, más el remojo y el germinado, más 40 minutos de cocción

200 ml de salsa casera de manzana (*véase* al lado)
4 cucharadas de sirope de arce
3 cucharadas de tahini (opcional)
1 cucharadita de extracto de vainilla
350 g de quinua germinada (*véa*se pág. 53)
70 g de pipas de girasol
70 g de pipas de calabaza
2 cucharaditas de canela molida
Una pizca de sal
30 g de pasas
30 g de bayas de Goji

Precalentar el horno a 150 ºC, termostato 2. En un cuenco pequeño, mezclar la salsa de manzana, el sirope de arce, el tahini y la vainilla hasta obtener una pasta espesa.

En un cuenco grande, mezclar la quinua, las pipas de girasol y de calabaza, la canela y la sal. Echar la mezcla de la salsa de manzana sobre la quinua y las pipas y remover hasta mezclar bien.

Repartir el muesli de manera uniforme sobre una bandeja de horno forrada de papel sulfurizado y hornear durante 20 minutos. Retirar la bandeja, mover el muesli muy ligeramente para asegurar que se aglutine en bolas y hornear 20 minutos más hasta que se tueste.

Dejarlo enfriar y añadir las pasas y las bayas de Goji. Guardar en un recipiente hermético.

Salsa casera de manzana

SG SFS VG

Un acompañamiento para el desayuno saludable y con un fuerte contraste de sabor que proporciona una buena fuente de fibra, vitamina C y un montón de antioxidantes beneficiosos.

Cantidad: 1 litro
Tiempo de preparación: 10 minutos, más 20 minutos de cocción

10 manzanas medianas (sirven casi todas las variedades, pero si es dulce se evitará tener que añadir edulcorantes), peladas, despepitadas y cortadas a rodajas
235 ml de agua
Una pizca de canela molida (opcional)
El edulcorante que se prefiera (opcional)
Un chorrito de zumo de limón (opcional)

Poner las rodajas de manzana en una olla, añadir agua y tapar. Llevar a ebullición a fuego medio-alto, después reducir a lento e ir removiendo de vez en cuando hasta que las manzanas acaben formando una salsa espesa. Esto llevará unos 20 minutos.

Pasar la manzana cocida por la batidora hasta que quede fina. Probar y añadir cualquiera de los ingredientes opcionales al gusto.

Guardar en la nevera durante 1 semana o congelar.

Tortitas esponjosas

SG SFS (si no se emplea bebida de frutos secos) VG

¿A quién no le gustan las tortitas? Esta receta ofrece una versión saludable y sin gluten de uno de los desayunos que gustará a toda la familia. El trigo sarraceno es una alternativa nutritiva y vigorizante a la harina que se usa tradicionalmente para hacer tortitas. El trigo sarraceno no es alérgeno y contiene niveles altos de rutina, que ayuda a combatir la hipertensión, además de un montón de proteínas de fácil digestión. Está riquísimo como desayuno y como postre.

Para 5 raciones
Tiempo de preparación: 25 minutos

50 g de harina de avena sin gluten (o copos de avena molidos con la batidora para hacer harina)
100 g de harina de trigo sarraceno
200 ml de salsa casera de manzana sin edulcorar (*véa*se pág. 95)
125 ml de bebida no láctea
2 cucharadas de sirope de arce
1 cucharadita de levadura en polvo
1 cucharadita de bicarbonato
2 cucharaditas de zumo de limón
1 cucharadita de extracto de vainilla

Para servir
Plátanos a rodajitas
Frutos silvestres frescos
Mermelada de chía (*véa*se pág. 72)
Yogur de coco
Sirope de arce

Mezclar todos los ingredientes con la batidora hasta que quede un puré fino.

Calentar una sartén antiadherente a fuego medio y, cuando esté caliente, echar 150 ml de masa de tortita en el centro de la sartén y repartir en círculo con el dorso de una cuchara conservando un grosor razonable. Hacer durante 2-3 minutos.

Con una espátula, despegar la tortita, darle la vuelta y dejar otros 2-3 minutos y retirar de la sartén. Pasarla a un plato caliente y cubrir con un paño de cocina. Repetir hasta que se termine la masa.

Servir con rodajas de plátano, frutos silvestres, mermelada, yogur de coco y un chorrito de sirope de arce.

SG VG

Pan de semillas con mantequilla Farmacy

Este pan de semillas es muy nutritivo y fácil de preparar. Ideamos esta receta porque queríamos hacer un pan sabroso y que aportara energía. Este pan no lleva harina, pero sí muchas proteínas, además de vitaminas, minerales y aceites beneficiosos. Está riquísimo tostado y servido con mantequilla y mermelada de fruta con chía (véase pág. 72).

Para 10 raciones (1 barra; 10 rebanadas)
Tiempo de preparación: 10 minutos, más 6 horas de refrigerado y 1 hora de horneado

Para el pan
85 g de copos de tef
85 g de copos de avena sin gluten
85 g de almendra molida
2 cucharadas de semillas de chía
140 g de pipas de girasol
85 g de semillas de lino
3 cucharadas cascarilla de psyllium
4 cucharadas de aceite de coco
350 ml de agua
1 cucharada de vinagre de sidra de manzana
1 ½ cucharada de néctar de coco u otro edulcorante
1 cucharadita de sal

Para la mantequilla
8 cucharadas de aceite de coco
2 cucharadas de aceite de semilla de lino
Una pizca generosa de cúrcuma molida
Una pizca de sal

Cubrir un molde de pan de 20 cm con papel sulfurizado. Mezclar todos los ingredientes secos en un cuenco. Añadir los ingredientes líquidos y remover hasta que queden bien mezclados. Poner la masa en el molde previamente preparado.

Refrigerar durante 6 horas o toda la noche.

Para hornear, precalentar el horno a 150 ºC, termostato 2. Hornear el pan durante 1 hora, hasta que se dore. Pinchar con un cuchillo estrecho: si sale seco es que el pan ya está hecho.

Preparar la mantequilla mezclando o batiendo todos los ingredientes. Dejar reposar la mezcla en la nevera.

Servir el pan en rebanadas tostadas y untadas con la mantequilla.

Pan de desayuno

SG VG

Este pan de plátano tiene la dulzura y la textura ideal para desayunar y está riquísimo con un poco de yogur de anacardos por encima (véase pág. 76). También se puede tomar como una sana merienda junto con un té. Los arándanos azules son de los frutos silvestres con un mayor nivel de antioxidantes. Ayudan a combatir el envejecimiento, refuerzan la concentración y la memoria y contribuyen a tener una buena piel.
Los plátanos aportan potasio, fibra y varias vitaminas. Es importante usar plátanos maduros en esta receta para que el pan quede dulce.

Para 10 raciones (1 barra; 10 rebanadas)
Tiempo de preparación: 15 minutos, más 50 minutos de horneado

3 plátanos maduros, más 1 para decorar (opcional)
4 cucharadas de aceite de coco fundido
5 cucharadas de sirope de arce
1 cucharada de semillas de lino molidas mezcladas con 2 ½ cucharadas de agua, y dejadas en remojo 5 minutos
1 ½ cucharadita de extracto de vainilla
140 g de harina de avena sin gluten (o copos de avena molidos con la batidora para hacer harina)
70 g de almendra molida
1 cucharadita de canela molida
1 cucharadita de levadura en polvo sin gluten
½ cucharadita de bicarbonato
Una pizca de sal
50 g de nueces picadas, más unas pocas más para decorar
50 g de arándanos azules

Precalentar el horno a 180 ºC, termostato 4. Cubrir un molde de pan de 20 cm con papel sulfurizado.

En un robot de cocina, trabajar los plátanos, el aceite de coco, el sirope de arce, la mezcla de semillas de lino y el extracto de vainilla hasta que queden bien mezclados. Añadir la harina de avena, la almendra molida, la canela, la levadura en polvo, el bicarbonato y la sal y seguir mezclando hasta que queden incorporados a la masa.

Añadir las nueces picadas y los arándanos, remover y distribuir la masa de manera uniforme en el molde previamente preparado.

Si se usa un cuarto plátano, partirlo por la mitad a lo largo y ponerlo sobre la masa del pan con el lado del corte hacia abajo y presionando ligeramente, y echar unas nueces picadas alrededor, también presionando ligeramente.

Hornear durante 50-60 minutos. Comprobar pinchando con un palillo: si sale limpio, el pan ya está listo. Dejar enfriar el pan sobre una rejilla antes de cortar y servir.

En Farmacy Kitchen nos encantan las salsas y tentempiés. Y queremos compartir contigo esta recopilación de nuestros favoritos. Son ideas para tentempiés sobre la marcha, salsas para compartir con los amigos con unas bebidas y aperitivos para servir antes de la comida principal.

Salsas y aperitivos

Miso con semillas de cáñamo

SG SFS VG

Para esta salsa se usa un miso marrón saludable, sin los OGM perjudiciales que contienen otras recetas de miso. Disfruta del profundo sabor umami del miso junto con ingredientes saludables para un sistema inmunitario fuerte, un sistema nervioso sano y una buena salud ósea. La naturaleza alcalinizante de los ingredientes mantiene fuerte el cuerpo y ayuda a repeler infecciones. Las semillas de cáñamo aportan un toque crujiente, un sabor mágico y una dosis de nutrientes. Este es un tentempié ideal para cualquier ocasión. Pruébalo con verduras recién cortadas en forma de bastoncillo.

Para 8 raciones
Tiempo de preparación: 10 minutos

2 cucharadas de zumo de limón
2 cucharadas de zumo de lima
2 dientes de ajo aplastados
3 cucharadas de miso de arroz integral
2 cucharadas de tahini
1 cucharadita de aceite de sésamo
125 ml de caldo de algas (*véa*se pág. 61)
1 cucharadita de néctar de coco

Para servir
Palitos de pepino
Palitos de zanahoria
Semillas de cáñamo

Poner el ajo en infusión en el zumo de limón y de lima durante 10 minutos, escurrir y desechar el ajo.

Poner el zumo de limón y lima, el miso, el tahini, el aceite de sésamo, el caldo y el néctar de coco en un robot de cocina y trabajar hasta obtener una consistencia similar a la mayonesa. Refrigerar durante toda la noche para que afloren los sabores.

Justo antes de servir, tostar las semillas de cáñamo en seco. Mezclarlas con la salsa y servir con crudités.

Puede conservarse en un recipiente hermético en la nevera hasta 2 semanas.

Salsa maya con lima

SG SFS VG

Esta salsa está inspirada en una antigua receta maya. La hemos actualizado para darle un nuevo toque con tomates secos y rúcula, lo que aporta frescura y mucho sabor. Los mayas consumían pipas de calabaza en cantidad, lo que les aportaba unos niveles esenciales de magnesio, zinc y ácidos grasos omega 3. Esta salsa está cargada de beneficios y elementos esenciales.

Para 6 raciones
Tiempo de preparación: 15 minutos

125 g de pipas de calabaza
4 cucharadas de aceite de oliva
1 cebolla picada muy fina
1 diente de ajo picado
100 g de rúcula picada
1 chile verde entero
25 g de cilantro picado
La piel de 1 limón
2 cucharadas de zumo de lima
1 cucharada de aceite de oliva virgen extra
½ tomate sin corazón ni pepitas
70 g de tomates secos
60 ml (4 cucharadas) de caldo de algas (*véa*se pág. 60)
Sal

Tostar las pipas de calabaza en 1 cucharada de aceite de oliva. Echar sal por encima y apartar.

En una sartén, saltear con delicadeza la cebolla, el ajo y el chile con el resto del aceite hasta que la cebolla quede translúcida. Pasar a un robot de cocina junto con el resto de los ingredientes. Procesar durante 4 minutos, o más si se desea una textura más fina.

Echar en un cuenco y servir.

Puede conservarse en un recipiente hermético en la nevera hasta 3 días.

Queso picante

SG VG

Nuestra versión de esta emblemática salsa de queso para nachos con un plato divertido y lleno de ingredientes saludables. Las berenjenas son una gran fuente de fibra alimentaria, vitaminas y minerales, incluidos el manganeso, cobre, hierro y potasio. Este es un plato rico en antioxidantes y contribuye a la salud cardiovascular además de proteger de los radicales libres. ¡Y encima está muy bueno! Es un plato para compartir con amigos junto con unos nachos crujientes. La versión sin frutos secos también es muy fácil de preparar: basta con eliminar los anacardos de la receta.

Para 8 raciones

Tiempo de preparación: 5 minutos, más 1 minuto para el salado y 30 minutos de cocción y enfriado

1 berenjena mediana, cortada en rodajas de 1 cm y salada durante 1 hora

325 ml de bebida de almendras (u otra no láctea)

1 diente de ajo

35 g de anacardos

2 chiles rojos

1 cucharadita de mezcla de semillas Farmacy (*véa*se pág. 80)

4 cucharadas de levadura nutricional

½ tomate mediano, sin pepitas y troceado

2 cucharaditas de harina de tapioca

4 cucharadas de aceite de oliva

1 cucharadita de pimentón ahumado

2 cucharadas de vinagre de sidra de manzana

Precalentar el horno a 220 ºC, termostato 7. Limpiar las rodajas de berenjena previamente saladas con papel de cocina, colocarlas sobre una bandeja de horno antiadherente y hornear hasta que se doren. Esto llevará unos 20 minutos.

Pasarlas a la batidora junto con todos los demás ingredientes y batir hasta que adquiera una textura espesa, cremosa y homogénea.

Puede conservarse en la nevera hasta 1 semana.

Hummus de Farmacy Kitchen

SG SFS VG

El hummus es uno de los claros favoritos de nuestra cocina. Hay muchas recetas buenas, pero esta nos encanta por su textura aterciopelada, su suntuosidad y su sabor y, además, está cargada de nutrientes. Esta receta se inspira en la excepcional versión creada en el restaurante israelí Zahav y cumple todos los requisitos de sabor y nutrición. El ajo se deja en infusión durante el proceso y luego se retira de la mezcla final. Como resultado, el hummus tiene un sabor más suave y dura más. Al mezclarlo con el propio caldo de la preparación, el hummus retiene todos los nutrientes de los garbanzos. Al añadirle espirulina, recibe un aporte extra de nutriente y de color. ¡Prepáralo en cantidad porque va a volar! En esta receta se emplea el caldo de los garbanzos antes de que espese y se convierta en aquafaba (véase pág. 56). En este caso, es mejor usar garbanzos secos. Sin embargo, si solo tienes garbanzos en conserva, mezcla la aquafaba con una cantidad equivalente de caldo vegetal (véase pág. 60) y utilízalo en lugar del agua de los garbanzos.

Para 6 raciones
Tiempo de preparación: 5 minutos

- 4 dientes de ajo sin pelar
- 75 ml (5 cucharadas) de zumo de limón y un poco más al gusto
- 1 cucharadita de espirulina (opcional)
- 1 cucharadita de sal
- 6 cucharadas de tahini
- 320 g de garbanzos cocidos (*véa*se pág. 57), 125 ml del agua de cocción
- ½ cucharadita de mezcla de semillas Farmacy (*véa*se pág. 80)
- Una pizca de comino molido (opcional)
- Pimentón y aceite de oliva virgen extra, para servir

Pasar el ajo, el zumo de limón, la espirulina (si se emplea) y la sal por un robot de cocina y dejar reposar 10 minutos para que el ajo se ablande.

Pasar la mezcla por un colador fino a un cuenco pequeño, presionando los sólidos para que suelten el máximo de líquido. Desechar la parte sólida.

Devolver el líquido al robot de cocina, añadir el tahini y pulsar para mezclar. Con el motor en marcha, añadir el agua de los garbanzos poco a poco hasta que la mezcla quede muy suave.

Incorporar los garbanzos cocidos y la mezcla de semillas y procesar hasta que quede fino. Ajustar el aderezo con sal, zumo de limón y comino, si se emplea.

Para servir, pasar el hummus a un cuenco hondo, espolvorear pimentón y echar un chorro generoso de aceite de oliva virgen extra.

Puede conservarse en un recipiente hermético en la nevera hasta 4 días.

Kétchup de bayas de Goji

SG SFS C VG

Este es un kétchup tan especial y colorido que puedes usarlo siempre que desees una salsa saludable y llena de sabor en tu comida. Las bayas de Goji contienen una alta dosis de antioxidantes y son una buena fuente de proteína y vitamina C. Este condimento delicioso posee muchos nutrientes que, además, contribuyen a tener una piel sana. Es el acompañamiento perfecto para nuestros bastoncitos de garbanzo al horno (véase pág. 198)

Cantidad: 8 raciones
Tiempo de preparación: 5 minutos, más 20 minutos de remojo

40 g de bayas de Goji
20 g de tomates secos cortados por la mitad
400 g de tomates de lata enteros y pelados
3 cucharaditas de vinagre de sidra de manzana
6 cucharaditas de sirope de arce
2 cucharaditas de zumo de limón
¼ de cucharadita de cebolla en polvo
1 cucharadita de aceite de oliva
½ cucharadita de sal
Una pizca de pimienta

Sumergir las bayas de Goji y los tomates secos en un cuenco de agua durante 20 minutos. Escurrir y desechar el agua. Escurrir los tomates de lata y desechar el líquido.

Mezclar todos los ingredientes en un robot de cocina. Probar y rectificar el aderezo al gusto.

Puede conservarse en un recipiente hermético en la nevera hasta 1 mes.

Alioli

SG SFS VG

Esta es nuestra versión del alioli sin huevo. El líquido de cocer los garbanzos, llamado aquafaba (véase pág. 56), sustituye los huevos y aporta nutrientes. Cuando ofrecemos esta salsa rica y cremosa a nuestros amigos, no notan la diferencia entre este alioli y el normal, cosa que nos tomamos como un gran cumplido. Siempre consideramos que es mejor usar el aquafaba de cocer garbanzos, sin embargo, en este caso hacemos una excepción y recomendamos emplear el líquido de garbanzos en conserva, ya que emulsiona mejor.

Para 4 raciones
Tiempo de preparación: 5 minutos

2 cucharadas de aquafaba (*véa*se pág. 56)
1 cucharada de mostaza de Dijon
1 diente de ajo
250 ml de aceite de cártamo o de girasol
2 cucharadas de zumo de limón
Sal

Poner el aquafaba, la mostaza y el ajo en un robot de cocina y procesar a velocidad media-alta durante 10 minutos.

Rebañar las paredes del robot y ponerlo a velocidad media, o a la de «mayonesa» si tu robot la tiene.

Ir añadiendo el aceite lentamente en un chorro lo más fino posible. Esto llevará unos 4 minutos. Es importante agregar el aceite muy despacio para que el aquafaba emulsione. A continuación, echar zumo de limón y sal al gusto y servir.

Puede conservarse en un recipiente hermético en la nevera durante 3-4 días.

Salsa saté

SG VG

Una versión saludable y fácil de la clásica salsa saté de inspiración tailandesa. Esta es una forma rápida y nutritiva de aderezar las verduras asadas o para comer con bastoncitos de garbanzo, añadir a un salteado o para usar como deliciosa salsa para unos fideos. Los cacahuetes son una gran fuente de proteínas, biotina y una variedad de minerales. Esta salsa es una forma rápida y sencilla de añadir sabor, que irá genial con tu cena favorita.

Para 6 raciones
Tiempo de preparación: 10 minutos

- 140 g de cacahuetes sin sal
- 125 ml de caldo vegetal (*véa*se pág. 60) y un poco más si es necesario
- 2 dientes de ajo picados
- ½ cucharadita de tamari
- 2 cucharaditas de aceite de sésamo
- 1-2 cucharadas de néctar de coco
- 2 cucharadas de salsa del alquimista (*véa*se pág. 70)
- 2 cucharadas de zumo de lima
- 1 chile tailandés rojo largo (o cualquier tipo de chile que tengas a mano), o más si se desea
- 80 ml de leche de coco

Tostar los cacahuetes en una sartén seca a fuego medio hasta que se doren ligeramente.

Introducir los frutos secos y todos los demás ingredientes en un robot de cocina. Procesar hasta que queden bien mezclados, ajustando el sabor al gusto.

La salsa se espesará por sí sola. Si la preparas con antelación y se espesa demasiado, mézclala con un poco más de caldo antes de servir.

Puede conservarse en un recipiente hermético en la nevera durante 3-4 días o congelarse.

SG VG

Croquetas de boniato con salsa de mantequilla de almendras

Estas deliciosas croquetas de boniato son claras favoritas y uno de los platos más solicitados de nuestra cocina. Se trata de una receta rápida y fácil de hacer, llena de proteínas y fibra, así como de vitaminas y minerales, entre ellos vitamina A y C y potasio. Estas croquetas son ideales para picar a lo largo del día, o bien para disfrutar como entrante. También son ideales para pícnics o para comer en el trabajo.

Para 4 raciones
Tiempo de preparación: 20 minutos, más la cocción de la quinua

Para las croquetas
250 g de boniatos, pelados y cortados a dados grandes
100 g de quinua, previamente remojada (*véa*se pág. 51)
2 cucharadas de zumo de limón
Un puñado de perejil fresco picado muy fino
½ cucharadita de pimentón (opcional)
Una pizca de sal y pimienta
30 g de harina de arroz integral
75 g de semillas de sésamo
Aceite de coco para freír

Para la salsa de mantequilla de almendras
2 cucharadas de mantequilla de almendras
1 cucharada de mostaza de Dijon
1½ cucharada de zumo de limón
125-200 ml de agua

Para servir
Salsa verde (*véa*se pág. 66), opcional

Poner los boniatos en un cazo de agua hirviendo y hervir hasta que se ablanden como para romperlos con un tenedor.

Cocer la quinua (*véa*se pág. 51), dejar enfriar y apartar. (Nosotros lo hacemos con una arrocera; si lo haces así, utiliza 200 m de líquido por cada 185 g de quinua.)

En un cuenco grande, mezclar todos los ingredientes excepto la harina de arroz y las semillas de sésamo. Dar forma de bolitas a la masa (esta receta da para entre 16 y 20 croquetas) usando la harina de arroz para crear una cobertura que evite que se peguen. Rebozar en semillas de sésamo y poner a enfriar en la nevera durante un par de horas.

Cuando hayan reposado, freír las croquetas en una sartén con aceite de coco a fuego medio-lento hasta que se doren y queden crujientes por ambos lados.

Para preparar la salsa de mantequilla de almendras, mezclar todos los ingredientes en un cuenco hasta que quede una masa fina.

Servir con las croquetas de boniato y echar un poco de salsa verde por encima si se desea.

Rollitos de berenjena con salsa verde

SG SFS VG

Para 8 raciones
Tiempo de preparación: 45 minutos, más 2 horas de remojo

Para los rollitos de berenjena

2 berenjenas en forma de pera grandes, cortadas en rodajas de 1 cm
Sal
Aceite de oliva

Para el paté de pipas de girasol

140 g de pipas de girasol, puestas en remojo durante 2 horas y luego secadas
4 cucharadas de caldo vegetal (*véase* pág. 60) y un poco más si se requiere
2 cucharadas de tahini
4-5 cucharadas de zumo de limón
1 cucharadita de vinagre de sidra de manzana
Una pizca de nuez moscada
4 hojas de albahaca
Copos de chile (opcional)
Sal y pimienta al gusto

Para el relleno de lechuga

50 g de canónigos o de rúcula
1 ½ cucharada de zumo de limón
1 ½ cucharada de aceite de oliva

Para decorar

Salsa verde (*véase* pág. 66)

Esta es nuestra versión vegetal del rollo de sushi. Para este plato, elige la variedad de berenjena con forma de pera, ya que va mejor para enrollar. Esta receta es una gran fuente de ácidos grasos esenciales, proporciona una buena dosis de proteína, no lleva frutos secos, es de fácil digestión y está llena de sabor. Comida para picar nutritiva y a la vez bonita en el plato.

Disponer las rodajas de berenjena sobre una bandeja, salarlas y dejarlas 1 hora hasta que hayan soltado el agua.

Precalentar el horno a 220 ºC, termostato 9.

Secar la berenjena con papel de cocina y colocarla en una bandeja de horno antiadherente. Hornear las rodajas durante 5-7 minutos, dándoles la vuelta una vez, hasta que empiecen a adquirir un color marrón. Deberían quedar doradas y bien hechas pero no demasiado blandas. Deben manejarse con cuidado ya que serán el envoltorio del sushi.

Para preparar el paté de pipas de girasol, poner todos los ingredientes en una batidora a alta velocidad hasta que quede una mezcla cremosa y untable. Si queda demasiado seca, añadir más caldo vegetal hasta lograr la textura deseada.

Echar el zumo de limón, la sal y un poco de aceite de oliva sobre los canónigos o la rúcula.

Para montar los rollitos, extender una capa fina de paté a lo largo de una rodaja de berenjena. Coger unas cuantas hojas y ponerlas en el extremo más estrecho de la rodaja. Empezar a enrollar desde este extremo hacia el ancho.

Repetir con todas las rodajas de berenjena y disponerlas en un plato con el final del lado ancho boca abajo y las hojas saliendo por ambos extremos. Echar un chorrito de salsa verde sobre los rollitos de berenjena. Servir a temperatura ambiente, aunque fríos también están deliciosos.

Okra Caponata

SG SFS VG

En este plato inspirado en la receta siciliana clásica, la berenjena se sustituye por okra y se incorporan sabores que le dan una nueva dimensión. La okra es rica en vitaminas y minerales y proporciona dosis saludables de calcio, hierro, magnesio, potasio y zinc. También es muy buena para la fibra. La cúrcuma posee compuestos bioactivos con potentes propiedades medicinales, es antiinflamatoria y antioxidante. Se puede servir caliente, fría o a temperatura ambiente y su sabor es incluso mejor al día siguiente.

Para 6 raciones
Tiempo de preparación: 10 minutos, más 16 minutos de cocción

½ cebolla picada
1 tronco de apio, con las hojas, troceado
2 cucharadas de aceite de coco
500 g de okra a rodajas de 1 cm
1 cucharadita de cúrcuma molida
1 diente de ajo picado
300 g de tomates troceados
1 cucharada de alcaparras
8 aceitunas negras sin hueso y partidas por la mitad
2 cucharadas de vinagre de sidra de manzana
2 cucharaditas de néctar de coco
Sal

Poner la cebolla y el apio en un cazo con 1 cucharada de aceite de coco y saltear a fuego lento hasta que queden translúcidos. Añadir la okra y otra cucharada de aceite de coco y saltear 6-8 minutos.

Incorporar la cúrcuma y el ajo y saltear durante un minuto más. Añadir los tomates, remover y cubrir. Reducir el fuego a muy lento y dejar durante 6 minutos o hasta que la okra quede tierna.

Retirar del fuego y añadir las alcaparras, las aceitunas, el vinagre y el néctar de coco. Remover y rectificar de sazón si es necesario. Este plato puede servirse caliente, a temperatura ambiente o recién sacado de la nevera.

Nuggets de coliflor

SG VG

Estos nuggets de coliflor tienen la maravillosa textura crujiente que suele ser resultado de rebozar en pan rallado y freír. Son divertidos de comer e ideales para compartir. Puedes usarlos como tentempié para llevar o servirlos con bebidas para picar antes de una cena con amigos.

Para 6 raciones
Tiempo de preparación: 25 minutos, más 30 minutos de horneado

1 coliflor mediana, sin el troncho y cortada en cogollos del tamaño de un bocado
1 cucharadita de salsa del filósofo (*véase* pág. 64)
4 cucharadas de zumo de lima
100 g de copos de avena sin gluten
45 g de coco deshidratado
1 chile rojo
1 cucharadita de sal fina
1 cucharadita de pimentón ahumado
¼ de cucharadita de pimienta
75 g de semillas de cáñamo
75 g de semillas de lino
75 g de semillas de amapola
75 g de semillas de sésamo negro
125 g de mantequilla de almendras
1 cucharada de zumo de limón
Un puñadito de cilantro fresco picado

Precalentar el horno a 200 ºC, termostato 6. Forrar una bandeja grande con papel sulfurizado.

Mezclar los cogollos de coliflor con la salsa del filósofo y el zumo de lima y dejar marinar durante unos 20 minutos.

En un robot de cocina, trabajar la avena, el coco, el chile, la sal, el pimentón y la pimienta negra hasta obtener una textura harinosa. Hay que vigilar con no excederse y que quede demasiado fina, puesto que necesitamos una textura gruesa.

Añadir las semillas, remover y pasar la mezcla a un cuenco hondo para el rebozado.

Diluir la mantequilla de almendras con 4 cucharadas de agua y el zumo de limón. Si queda demasiado denso, añadir un poco más de agua hasta obtener una textura cremosa.

Sumergir la coliflor en la mezcla, rebozar en el preparado de semillas y avena y disponer sobre una bandeja de horno.

Hornear durante 30 minutos. Retirar del horno, echar el cilantro picado por encima y servir en un cuenco bonito.

Bocados de tef silvestre con setas

Para 6 raciones
Tiempo de preparación: 20 minutos, más 5 minutos de cocción

Para la base
125 g de harina de tef
275 ml de agua
½ cucharadita de cúrcuma molida
½ cucharadita de granos de pimienta molidos
Sal
Aceite de oliva para freír

Para la ensalada de brotes
35 g de lentejas germinadas (*véa*se pág. 53)
35 g de alholvas germinadas (*véa*se pág. 53)
75 ml (5 cucharadas) de aceite de oliva
75 ml (5 cucharadas) de zumo de limón
¼ de cucharadita de sal
¼ de cucharadita de néctar de coco

Para las setas
100 g de setas shiitake a láminas
2 cucharaditas de aceite de sésamo
1 diente de ajo rallado
1 cucharadita de salsa del filósofo (*véa*se pág. 64)
2 cucharadas de zumo de lima
Sal

Para servir
Salsa saté (*véa*se pág. 117)
85 g de rúcula picada, salada y aliñada con un poquito de aceite
10 g de pipas de calabaza tostadas

El tef es uno de los granos más pequeños del mundo, con un tamaño similar al de una semilla de amapola. Es el más nutritivo de todos ellos, tiene un alto contenido en fibra y es una gran fuente de proteínas, manganeso, hierro y calcio. Asimismo, actúa como probiótico. Este saludable rollito se sirve con brotes nutritivos y resulta muy ligero y sabroso.

Mezclar todos los ingredientes para la base. La masa puede que parezca aguada, pero es así a propósito. Reservar.

Preparar la ensalada mezclando todos los brotes. Introducir el resto de los ingredientes en un tarro con tapa de rosca y mezclar removiendo enérgicamente. Echar sobre los brotes y reservar. Saltear las setas en aceite de sésamo en una sartén a fuego fuerte. Cuando se hayan hecho por un lado, añadir el ajo, la salsa del filósofo, el zumo de lima y la sal, remover, retirar del fuego y pasar a un plato.

Preparar las bases en una sartén antiadherente de fondo grueso. Echar el aceite suficiente solo para cubrir la base de la sartén. Echar 2 cucharadas de la masa en el centro de la sartén, dejar que se extienda de modo que quede lo más fino posible pero que conserve la forma y hacer hasta que la parte superior ya no se vea húmeda y empiece a formar una especie de rejilla. Dar la vuelta con cuidado y hacer durante un minuto más. Lo ideal sería que tuviera un tamaño de 8-10 cm. Quizá necesites hacer la prueba con un par hasta determinar la temperatura de cocción adecuada. Repetir hasta que se termine la masa.

Para montar, coger una base y untarla con salsa saté. Cubrir con rúcula, la ensalada de brotes, las setas y unas cuantas pipas de calabaza tostadas.

Nota
Utiliza una sartén de buena calidad y de materiales que no sean tóxicos con la que se pueda cocinar a alta temperatura para que la masa no se pegue. En la sección de Utensilios de cocina (*véase* pág. 46-8) encontrarás más información sobre sartenes.

Palomitas de garbanzos

SG VG

Esta versión crujiente y picante de unas palomitas es perfecta para picar en una fiesta, viendo una peli, para llevar a la playa o añadir a tu fiambrera del almuerzo, y aporta altos niveles de fibra, proteína, hierro y zinc a tu dieta. Elige garbanzos pequeños para esta receta y prepara una buena cantidad. Son ideales para compartir.

Para 4 raciones
Tiempo de preparación: 50 minutos

500 g de garbanzos cocidos (los más pequeños que encuentres)

2 cucharadas de aceite de oliva

1 ½ cucharadita de mezcla de semillas Farmacy (*véa*se pág. 80)

1 cucharadita de pimentón ahumado

½ cucharadita de sal

Precalentar el horno a 180 ºC, termostato 6.

Meter todos los ingredientes en un cuenco grande y remover hasta que los garbanzos queden bien cubiertos.

Colocar sobre una bandeja de horno y hornear a la altura central hasta que estén crujientes. Esto suele llevar unos 50 minutos.

Las sopas son la forma perfecta de obtener una dosis de nutrientes con el máximo de gusto y versatilidad. Cada una de las sopas aquí recogidas es una combinación especial con un sabor único. Resulta fácil prepararlas con antelación para seguir comiendo bien por más ajetreada que sea tu vida. Las ensaladas son un potente golpe de sabor, color, nutrición y energía. Alimentos beneficiosos para comer en cualquier momento y estación.

Sopas y ensaladas

Sopa verde de la granja

SG VG

Esta sopa es un clásico de Farmacy Kitchen con una maravillosa profundidad de sabor y llena de fibra, grasas saludables, proteínas y varias vitaminas en un delicioso plato lleno de bondades.
El berro contiene vitamina C, más calcio que la leche, más hierro que las espinacas y más ácido fólico que los plátanos. En invierno, sírvela caliente con un chorrito de aceite de oliva. En verano, sírvela fría con una cucharada de yogur de anacardos.

Para 4 raciones
Tiempo de preparación: 15-20 minutos, más el tiempo de remojo

1 cucharada de aceite de coco prensado en frío
1 puerro troceado
2 dientes de ajo picados
1 cabeza grande de brócoli, cortada a trozos tamaño bocado, con el troncho pelado y troceado
850 ml de caldo vegetal (*véa*se pág. 60) y un poco más si se requiere
1 cucharadita de sal
200 g de acelga suiza, sin tallos (guardarlos para la salsa de setas y pencas de acelga con estragón - *véa*se pág. 190)
100 g de berro
1 cucharadita de espirulina
½ aguacate muy maduro
1 ½ cucharada de zumo de limón
35 g de almendras, previo remojo (opcional, *véa*se pág. 49)

Para decorar
Pipas de calabaza tostadas
Brotes
Yogur de anacardos (*véa*se pág. 76)
Un chorrito de aceite de oliva

Poner el aceite de coco en una cacerola de base gruesa a fuego medio y saltear el puerro hasta que quede tierno. Añadir el ajo y saltear durante un minuto más.

Incorporar el brócoli, el caldo y la sal y llevar a ebullición. Reducir a fuego lento y dejar durante 5 minutos. Añadir la acelga y hacer durante 5 minutos más.

Retirar la cacerola del fuego, incorporar el berro y la espirulina y remover. Dejar enfriar un poco la sopa y pasarla a una batidora con el aguacate, el zumo de limón y las almendras en remojo, si se emplean. Batir hasta que quede bien fino. Cuanto más se procese, más fina quedará la sopa. Si queda demasiado espesa, añadir más caldo hasta que quede cremosa.

Decorar con pipas de calabaza tostadas, brotes, yogur de anacardos y un chorrito de aceite de oliva.

Sopa púrpura celestial

SG VG

Esta es una de las recetas especiales de Camilla, a quien le encanta prepararla para sus amigos: una sopa sencilla de un color precioso. La coliflor es una de las crucíferas más nutritivas y tiene un alto contenido en vitamina C y otras vitaminas y minerales. Es antiinflamatoria, purificante, antioxidante y buena para el cerebro y el corazón. Esta sopa despampanante es ideal como almuerzo o de primer plato.

Para 8 raciones
Tiempo de preparación: 4 minutos, más 25 minutos de cocción y 2 minutos de procesado

125 g de puerros, ligeramente troceados
1 cucharada de aceite de oliva y un poco más para decorar
125 g de cogollos de coliflor
1 l de caldo vegetal (*véa*se pág. 60)
600 g de col lombarda, troceada
35 g de almendras, puestas en remojo la noche anterior (*véa*se pág. 49)
125 ml de leche de almendras
Sal

Para decorar
Yogur de anacardos (*véa*se pág. 76)
Brotes de remolacha

En una cacerola de base gruesa, saltear los puerros en el aceite de oliva durante unos 3 minutos hasta que queden tiernos. Añadir la coliflor y 125 ml de caldo y cocinar hasta que la coliflor esté prácticamente hecha; unos 10 minutos.

Incorporar la col lombarda y remover, haciendo que quede cubierta por el líquido. Cocinar unos 5 minutos, reducir el fuego a medio y añadir el resto del caldo. Apagar el fuego y dejar en remojo 20 minutos hasta que se enfríe.

Pasar la mezcla a un robot de cocina junto con las almendras escurridas y la leche de almendras y batir hasta que quede muy fino.

Decorar con un chorrito de aceite de oliva, yogur de anacardos y unos brotes de remolacha.

Sopa de kitchari

SG SFS VG

Esta es una sopa muy nutritiva, reforzada con germinados, kale y cúrcuma. La combinación crea un sabor sensacional. Los brotes de este plato aportan mucha energía y son antiinflamatorios, mientras que la cúrcuma y el kale, con alta densidad en nutrientes, están cargados de antioxidantes. Es una sopa deliciosa para cualquier estación, puesto que puede servirse fría o caliente. Sabemos que no deberíamos tener favoritos, pero los tenemos. Y este es uno de ellos.

Para 6 raciones
Tiempo de preparación: 40 minutos, más el tiempo de germinado

- 3 cucharadas de aceite de oliva
- ½ cebolla picada
- 25 g de apio picado
- Un puñadito de tallos de cilantro bien picados
- 2 dientes de ajo bien picados
- 2 cucharaditas de mezcla de semillas Farmacy (*véa*se pág. 80)
- 1 cucharadita de cúrcuma molida
- 125 g de kale troceado
- 625 ml de caldo vegetal (*véa*se pág. 60) o agua
- 200 g de soja verde germinada (*véa*se pág. 53)
- 300 ml de leche de coco
- 100 g de tomates, sin pepitas y troceados
- 2 cucharadas de néctar de coco
- 2 cucharadas de salsa del filósofo (*véa*se pág. 64)
- Sal y pimienta
- Hojas de cilantro fresco, para decorar

En una olla, calentar el aceite de oliva y echar la cebolla, el apio y los tallos de cilantro. Cocinar 3 minutos.

Añadir el ajo, la mezcla de semillas y la cúrcuma y dejar otro minuto más. Incorporar el kale junto con 125 ml del caldo o agua y dejar a fuego lento durante 5 minutos.

A continuación, añadir la soja verde, el resto del caldo, sal y pimienta y remover bien para mezclar. Cocinar hasta que la soja esté casi tierna, unos 10 minutos.

Echar la leche de coco, los tomates, el néctar de coco y la salsa del filósofo y dejar a fuego lento otros 10 minutos.

Cuando la soja está lista, probar y rectificar de sal si es necesario. Decorar con las hojas de cilantro.

Nota
Esta sopa es una especie de estofado, puesto que lleva trozos. Ve con cuidado de no añadir demasiado líquido.

Sopa mexicana

SG SFS VG

Para 6-8 raciones
Tiempo de preparación: 30 minutos

1 cucharada de aceite de coco
½ cebolla roja a dados
6 ramitas de cilantro, con los tallos picados y las hojas para decorar
1 pimiento rojo a rodajas finas
50 g de puntas de apio troceadas
3 dientes de ajo bien picados
1½ cucharada de pimentón (dulce o ahumado)
1 cucharada de comino molido
2 cucharaditas de hojas de orégano picadas
200 g de tomates troceados
1-2 chiles rojos bien picados (opcional)
700 ml de caldo vegetal (*véa*se pág. 60)
1 boniato de unos 500 g a dados
160 g de garbanzos cocidos
2-3 cucharadas de néctar de coco
4 cucharadas de zumo de lima
Sal

Para decorar
Dados de aguacate
Pipas de calabaza tostadas
Piel de tomate asada y picada (*véa*se pág. 140), opcional
Yogur de coco

Esta sopa sustanciosa es muy reconfortante en días de frío. Está inspirada en una receta azteca llamada pozole. Tradicionalmente es un guiso ceremonial con el sabor de una combinación de alimentos del Nuevo Mundo, como pimentón ahumado, tomates y pimiento morrón de México y el boniato inca. Esta versión incluye hojas de apio, ricas en vitamina E y calcio, y una variedad de verduras y especias que aportan vitaminas y minerales. Los tallos y hojas de cilantro ayudan a la limpieza de metales tóxicos. Un plato caliente y nutritivo con un sabor profundo.

En una cacerola de base gruesa, calentar el aceite de coco a fuego medio-alto y añadir la cebolla, los tallos de cilantro y el pimiento. Saltear durante unos 5 minutos hasta que la cebolla quede translúcida y suave. Incorporar las puntas de apio y el ajo y saltear 1 minuto más.

Añadir el pimentón (emplear el ahumado para un sabor más profundo) y el comino y cocinar junto con las verduras durante 1-2 minutos, con cuidado de que las especias no se quemen.

Incorporar el orégano junto con los tomates y los chiles (si se emplean) y dejar 5 minutos más, removiendo con frecuencia, hasta lograr una base de un rojo profundo. Añadir 450 ml del caldo, reservando 250 ml para más tarde. Llevar a ebullición.

Añadir el boniato y dejar a fuego lento durante 10 minutos, hasta que quede suave pero no demasiado.

Incorporar los garbanzos y el néctar de coco y dejar 2 minutos más. Salar, retirar del fuego y cubrir. En este momento, la sopa será un caldo con tropezones. Añadir una parte del caldo reservado si se requiere más líquido y ajustar el aderezo con la lima.

Antes de servir, echar el zumo del lima. Decorar con dados de aguacate, pipas de calabaza tostadas, piel de tomate picada, hojas de cilantro y yogur de coco.

Sopa de tomate asado

SG VG

Esta es una de las recetas favoritas de Pietro, que creó con ingredientes frescos de la huerta: una sopa de tomate clásica con un toque personal ideado para extraer el máximo sabor posible de los tomates.
Los tomates son uno de los dones de la naturaleza con más umami, y al asarlos se intensifica su sabor. El reto aquí es preparar una sopa de tomate que no sepa a salsa de tomate. Hemos añadido algunos de nuestros ingredientes favoritos para crear una receta clásica llena de sabor.
Usamos la piel de tomate porque es una auténtica joya nutritiva y aporta profundidad de sabor a la sopa. Puede servirse fría, estilo gazpacho, o caliente con una cucharada de yogur de anacardos.

Para 4 raciones
Tiempo de preparación: 5 minutos, más 4 horas de horneado

12 tomates medianos cortados por la mitad
3 cucharadas de levadura nutricional
2 cucharadas de anacardos
2 dientes de ajo negro enteros
4½ cucharadas de leche de almendras
1 cucharada de salsa del alquimista (*véa*se pág. 70)
500 ml de caldo vegetal (*véa*se pág. 60)

Para decorar
Germinados o brotes verdes
Yogur de anacardos (*véa*se pág. 76)
Un chorrito de aceite de oliva

Precalentar el horno a 120 °C, termostato ½. Colocar las mitades de los tomates con el corte hacia abajo sobre una bandeja forrada con papel sulfurizado. Hornear durante 2 minutos.

Retirar la bandeja del horno, pelar los tomates y poner las pieles en una fuente de horno. Retirar el papel sulfurizado de la bandeja, girar los tomates para exponer la parte del corte y devolverlos al horno junto con las pieles.

Asar durante 2 horas más, retirar del horno y dejar enfriar.

Picar la piel de tomate con un cuchillo o una picadora hasta que quede casi como granos de sal y reservar.

Poner la pulpa de tomate en un robot de cocina junto con la levadura nutricional, los anacardos, el ajo, la leche de almendras, la salsa del alquimista y el caldo y procesar hasta que quede muy fino.

Servir decorada con la piel de tomate, germinados o brotes tiernos, yogur de anacardos y un chorrito de aceite de oliva.

Nota
Si los tomates no están lo bastante maduros, añade 1 cucharada de néctar de coco para reafirmar su dulzor.

SG SFS VG

Sopa de minerales marinos y setas

La combinación de algas y setas shiitake en este plato te proporciona una buena carga de vitaminas y minerales. Cada plato contiene una buena dosis de beneficios: ¡lo comeríamos cada día encantados!

Para 6 raciones
Tiempo de preparación: 10 minutos, más 10 minutos de cocción

1 cebolla a rodajas finas
½ cucharada de aceite de sésamo
1 diente de ajo aplastado
1 cucharada de zumo de lima
1 cucharadita de néctar de coco
300 g de setas shiitake frescas a láminas
150 g de otros tipos de setas (como champiñones o setas de cardo) a láminas
2 l de agua tibia o 1 l de caldo de algas (*véa*se pág. 61) y 1 l de caldo vegetal (*véa*se pág. 60)
2 cucharadas de tamari
60 g de algas deshidratadas variadas, puestas en remojo 5 minutos
2 cucharadas de raíz de jengibre rallada
1 cucharada de vinagre de arroz
Sal y pimienta blanca recién molida

En una cacerola de base gruesa, saltear la cebolla en el aceite de sésamo hasta que quede casi dorada, pero con cuidado de que no se queme.

Añadir el ajo y remover. Echar la mitad del zumo de lima y todo el néctar de coco y mezclar. Incorporar las setas y una pizca de sal y saltear durante unos 4 minutos.

Añadir el agua o el caldo, si se emplea, junto con el tamari. Llevar a ebullición, retirar del fuego e incorporar las algas, el jengibre y el vinagre de arroz. Ajustar el aderezo con sal, pimienta y zumo de lima.

Servir en platos hondos o cuencos bonitos.

SG SFS VG

Ensalada verde con aliño de lentejas

Este es un plato que gusta a todo el mundo. Esta ensalada, con una buena dosis de fibra saludable, contiene también hierro y es beneficiosa para la salud cardiovascular. Preferimos no emplear demasiado aceite en nuestras recetas, por lo que aquí lo sustituimos por una sabrosa salsa de lentejas para crear una ensalada nutritiva rica en proteínas. Es un plato sencillo de preparar con ingredientes del capítulo de Básicos (véase pág. 59) ya listos. El aliño de lentejas puede servirse frío en verano o caliente en invierno y en ambos casos resulta un manjar saludable.

Para 4 raciones
Tiempo de preparación: 10 minutos

1 ½ cucharada de mostaza de Dijon

1 cucharada de mezcla de semillas Farmacy (*véa*se pág. 80)

Un chorrito de tamari

1 ½ cucharada de zumo de limón

80 ml de caldo vegetal (*véa*se pág. 60)

175 g de lentejas verdinas cocidas (*véa*se pág. 57 para el remojo y cocción)

1 lechuga romana baby fresca u otra de tipo robusto

¼ de cucharadita de sal

Para decorar

Confit de pimiento rojo asado (*véa*se pág. 200)

1 cucharada de mezcla de semillas Farmacy

Brotes

Empezar por el aliño. Mezclar mostaza, la mezcla de semillas, el tamari y 1 cucharada de zumo de limón. Si el aliño queda demasiado espeso, añadir un poco de caldo vegetal. Echar a las lentejas cocidas e ir removiendo.

Echar un poco de sal y unas gotas de zumo de limón a la lechuga. Remover ligeramente. Colocarla en un plato y poner encima las lentejas y las tiras de pimiento asado. Decorar con la mezcla de semilla y los brotes.

Nota

Este plato funciona bien con lenteja verdina porque tiene un tiempo específico de cocción, un sabor único y una consistencia cremosa que vienen muy bien aquí. No recomendamos usar otro tipo de lenteja para esta receta.

Ensalada de zanahoria asada y aguacate

SG VG

Esta ensalada incluye la combinación sorpresa de zanahoria y aguacate. Es una mezcla de sabores y texturas que casa muy bien y se ha convertido en uno de nuestros platos favoritos cuando invitamos a amigos. Las semillas de chía sirven para emulsionar el aliño. Esta ensalada bonita y colorida es rica en ácidos grasos y vitaminas y aporta un extra de proteína gracias a las avellanas.

Para 4 raciones

Tiempo de preparación: 10 minutos, más 35 minutos de asado

12-16 zanahorias baby

1½ cucharada de mezcla de semillas Farmacy (*véa*se pág. 80)

3 cucharadas de zumo de lima

3 cucharadas de aceite de oliva

1 cucharadita de vinagre de Jerez

1 chile rojo

Una pizca generosa de sal

2 cucharaditas de semillas de chía puestas en remojo en caldo de algas (*véa*se pág. 61)

400 g de hojas de rúcula, mizuna y berro

1 aguacate maduro a dados

2 cucharadas de avellana tostada y picada

4 cucharadas de agua

Precalentar el horno a 200 ºC, termostato 6. Rebozar las zanahorias en la mezcla de semillas y poner en una fuente o bandeja de horno. Añadir 4 cucharadas de agua, cubrir con papel sulfurizado y asar al horno durante unos 20 minutos.

Sacar la fuente del horno, retirar el papel y volverla a meter en el horno para asar las zanahorias durante otros 30 minutos hasta que queden caramelizadas. Retirar del horno y dejar enfriar.

Combinar el zumo de lima, el aceite de oliva, el vinagre de Jerez, el chile entero, una pizca de sal y las semillas de chía. Remover durante un minuto para crear una emulsión y apartar. Retirar el chile antes de servir.

En un plato o cuenco, mezclar las hojas, las zanahorias y el aguacate y combinar con la emulsión. Servir con avellanas por encima.

SG SFS C VG

Hinojo y espinacas con aliño de zanahoria

Este es un plato que captura la frescura de los sabores de la huerta, combinando espinacas, tomates frescos y el punto picante del hinojo. Está lleno de vitaminas y minerales y tiene buenos niveles de fibra, zinc y calcio. El aliño es parte de la familia de aliños que creamos empleando las verduras como base. Aquí, la zanahoria cruda combina con el miso de arroz integral para crear una salsa dorada y sedosa. Esta receta es perfecta como entrante y pueden doblarse las cantidades para ocasiones más festivas.

Para 4 raciones
Tiempo de preparación: 15 minutos

Para la ensalada
1 bulbo de hinojo a rodajas finas
½ cucharadita de sal
200 g de espinaca baby
20 tomates cherry por la mitad
Semillas de cáñamo tostadas para decorar

Para el aliño
1 zanahoria grande ligeramente troceada
6 cucharadas de agua
1 ½ cucharada de miso de arroz integral
1 cucharada de zumo de lima
1 cucharada de vinagre de vino blanco
4 cucharadas de aceite de sésamo
2 cm de raíz de jengibre fresca
2 cucharadas de sirope de arce

Frotar las rodajas de hinojo con la sal y apartar durante 5 minutos.

Preparar el aliño poniendo todos los ingredientes en un robot de cocina y batiendo hasta que quede muy fino. Comprobar la sazón.

Montar la ensalada en el plato de servir, decorar con las semillas de cáñamo tostadas y servir con el aliño.

Ensalada de remolacha

SG VG

Esta ensalada tiene un estilo propio gracias a la mezcla de colores intensos. Se emplean todas las partes de la remolacha, incluidas las hojas, que se estropean enseguida, con lo cual son un buen indicador de si la remolacha es fresca. La ensalada está aún más rica al día siguiente ya que los sabores adquieren profundidad. Es un plato con alto contenido en zinc y hierro y aporta proteínas, fibra, magnesio, potasio, cobre y manganeso. La parte verde de la remolacha también proporciona cantidades significativas de vitamina A y C, así como calcio, bueno para fortalecer los huesos y para el sistema inmunitario.

Para 4-6 raciones
Tiempo de preparación: 20 minutos, más 60 minutos de asado

3 remolachas (con la parte verde) y un poco más de la parte superior (pídelo en la tienda)
3 cucharadas de zumo de limón
1 cucharada de aceite de oliva extra virgen y un poco más para freír
1 diente de ajo aplastado
2 cucharadas de tahini
1 cucharada de vinagre de sidra de manzana
2 cucharaditas de néctar de coco
6 cucharadas de agua
½ cucharadita de miso de arroz integral
8 espárragos finos o bien 8 gruesos cortados en diagonal
175 g de trigo sarraceno cocido (*véa*se pág. 51)
Sal y pimienta

Para decorar
Yogur de anacardos (*véa*se pág. 76)
6 cucharadas de granos de granada
35 g de pipas de calabaza tostadas

Precalentar el horno a 200 ºC, termostato 6.

Cortar la parte superior de las remolachas y reservar. Colocar las remolachas sobre una bandeja de horno forrada de papel sulfurizado y asarlas a la altura media del horno durante 1 hora.

Retirar del horno y, una vez que se hayan enfriado un poco, pelarlas con las manos. Cortarlas a dados y aderezar con unas gotas de zumo de limón y un chorrito de aceite de oliva y reservar.

Para preparar el aliño, sumergir el ajo aplastado en el resto del zumo de limón y dejar reposar durante 10 minutos. Colar, reservar el zumo y desechar el ajo. Batir el zumo de limón al aroma de ajo, el resto del aceite de oliva, el tahini, el vinagre de sidra, el néctar de coco, el agua y el miso en un robot de cocina.

Separar las hojas de remolacha de los tallos. Calentar una sartén a fuego fuerte y saltear las hojas en aceite de oliva durante 30 segundos. A continuación, añadir sal y pimienta y retirar de la sartén.

Cortar los tallos de remolacha en trozos de 3 cm. Ponerlos en la sartén y saltear hasta que casi se tuesten. Echar sal por encima y probar. Cuando estén hechos, añadir los espárragos y hacerlos hasta que queden tiernos, unos 5 minutos.

Combinar el trigo sarraceno, los tallos de remolacha y los espárragos con dos tercios del aliño y disponer en el plato de servir. Poner las hojas con el resto del aliño sobre el trigo sarraceno. Echar por encima un poco de yogur de anacardos, añadir los dados de remolacha, la granada y las pipas de calabaza.

Nota
La remolacha lo teñirá todo de rosa, así que incorpórala al final.

SG VG

Kale y brotes con crema de almendras

Esta ensalada combina el kale con leguminosas germinadas. El kale es uno de los mayores alimentos llamados «supergreens».
Tiene un alto contenido en fibra y vitaminas.
Las leguminosas germinadas aportan un montón de energía natural y son de los brotes con más nutrientes.
El kale se cuece a fuego lento, lo que crea la textura perfecta para combinarlo con los brotes. El limón aporta una nota ácida, lo que resulta en un delicioso contraste con el aliño de mantequilla de almendras. Un plato ideal para servir tanto en días calurosos como fríos.

Para 6 raciones
Tiempo de preparación: 10 minutos, más 10 minutos de cocción

2 cucharaditas de aceite de oliva
2 dientes de ajo picados
1 cucharada de raíz de jengibre fresca rallada
500 g de hojas de kale ligeramente troceadas (evitar usar kale rizado)
125 ml de caldo vegetal (*véa*se pág. 60)
150 g de soja verde germinada (*véa*se pág. 53)
1 ½ cucharada de zumo de limón, o la cantidad al gusto
2 cucharaditas de tamari, o la cantidad al gusto

Para el aliño
2 cucharadas de mantequilla de almendras
1 ½ cucharada de zumo de limón
½ cucharadita de sal
4 cucharadas de agua

Calentar el aceite de oliva en una cacerola de base gruesa a fuego medio y saltear brevemente el ajo y el jengibre.

Añadir las hojas de kale y remover antes de incorporar el caldo. Llevar a ebullición, reducir el fuego y tapar. Dejar a fuego lento durante 5 minutos.

Añadir la soja verde y dejar 5 minutos más.

Agregar el zumo de limón y tamari al gusto. Añadir más zumo de limón si hace falta y, a continuación, dejar reposar el kale y la soja verde fuera del fuego un par de minutos.

Para el aliño, mezclar la mantequilla de almendras, el zumo de limón y la sal en un cuenco e ir incorporando el agua lentamente. Debería adquirir una consistencia espesa y cremosa, no líquida pero tampoco rígida.

Echar una cucharada del aliño sobre el plato de servir y esparcirla formando una capa fina. Colocar el kale y la soja verde encima.

Nota
No utilices soja verde sin germinar ya que necesitaría 40 minutos para hacerse y el kale quedaría demasiado hecho.

Ensalada vegetal marina

SG SFS C VG

Para 4 raciones
Tiempo de preparación: 30 minutos

Para el pepino macerado

5 cucharadas de vinagre de arroz
1 cucharada de eneldo bien picado
¾ cucharadita de sal
¾ cucharadita de néctar de coco

Para la ensalada

1 pepino grande, sin pepitas y a rodajas muy finas
1 zanahoria pequeña a tiras muy finas
½ cucharadita de sal
85 g de algas deshidratadas variadas
60 g de rábano daikon a rodajas muy finas
1 puñadito de berros
1 lima
2 cucharadas de semillas de sésamo negro tostadas
1 lámina de nori

Para el aliño

250 ml de tahini
125 ml de vinagre de arroz
60 ml (4 cucharadas) de aceite de oliva
2 cucharadas de aceite de sésamo tostado
2 cucharadas de raíz de jengibre fresca rallada
4 cucharadas de zumo de limón
2 cucharadas de tamari
½ cucharada de copos de chile (opcional)
3 cucharadas de néctar de coco

Esta ensalada se inspira en sabores asiáticos y está llena de ingredientes muy nutritivos. El berro proporciona una dosis de vitaminas y es una de las superverduras que refuerza el sistema inmunitario y aporta altos niveles de calcio. La mezcla de algas contiene minerales y tiene un mayor valor nutritivo que cualquier verdura de tierra. Una ensalada deliciosa y picante para despertar tus papilas gustativas. ¡Cómela y sé fuerte!

Mezclar los ingredientes para la maceración, echarlos sobre el pepino y dejar macerar durante al menos 30 minutos.

Frotar ½ cucharadita de sal en las tiras de zanahoria y reservar.

Poner las algas en un cuenco grande y cubrir con agua fría. Dejar en remojo durante 5-10 minutos hasta que se ablanden. Escurrir con un colador, secar y pasar a un cuenco. Deben estar secas del todo, sin exceso de humedad.

Preparar el aliño combinando todos los ingredientes en una batidora de alta velocidad hasta que adquiera una consistencia espesa y cremosa, que será la base del plato. Echar aproximadamente una cucharada del aliño en el plato de servir.

Mezclar las algas, la zanahoria, el rábano daikon y el berro. Echar un chorrito de lima por encima. Probar y añadir sal si hace falta.

Formar un montículo con la mezcla de algas y berro en el centro de un cuenco. Aclarar el aliño con un poco de agua y echar un chorrito por encima. Coronar con el pepino macerado y el resto del aliño.

Para finalizar el plato, echar por encima las semillas de sésamo negro tostadas, cortar la lámina de nori a tiras y colocar encima.

Ensalada César de Farmacy

SG VG

La ensalada César es uno de los mejores platos cuando se hace bien. Es difícil encontrar una versión solo basada en plantas, pero creemos que esta receta supera satisfactoriamente el reto. Este plato se ha sometido al proceso de transformación Farmacy combinando aceitunas, alcaparras y limón con nuestra sabrosa salsa del alquimista para crear un aliño César con una acidez única. Además, tampoco lleva aceite. Este plato sirve tanto de entrante como de primero. Se trata de una ensalada ligera y saludable que aporta elementos nutritivos gracias al caldo de algas, mientras que las hojas verdes le otorgan un bonito aspecto, ideal ya sea para el almuerzo o la cena.

Para 4 raciones
Tiempo de preparación: 15 minutos

Para el aliño César

3 cucharadas de zumo de limón
1 diente de ajo aplastado
7 aceitunas Kalamata sin hueso
1 cucharada de alcaparras
1 cucharadita de piel de limón
1 cucharada de salsa del alquimista (*véa*se pág. 70)
1 cucharada de salsa del filósofo (*véa*se pág. 64)
1 cucharadita de mostaza de Dijon
3 cucharadas de mantequilla de almendras
2 ½ cucharadas de levadura nutricional
3 cucharadas de agua

Para servir

Hojas de 1 lechuga romana baby
Salsa del alquimista (*véa*se pág. 70)
Zumo de limón
Perejil picado
Pimienta

Para preparar el aliño, echar el ajo aplastado en el zumo de limón y dejar en infusión durante 10 minutos. Colar y desechar el ajo.

Poner todos los ingredientes del aliño en un robot de cocina excepto la mantequilla de almendras, el agua y la levadura. Procesar hasta que quede fino, unos 10 segundos. Incorporar la mantequilla de almendras y el agua hasta obtener una consistencia de mayonesa. Este proceso lleva unos 4 minutos. Verter en un cuenco y, para terminar, mezclar la levadura nutricional a mano.

Para servir, mezclar las hojas de lechuga con la salsa del alquimista y el zumo de limón y remover ligeramente. Añadir el aliño despacio hasta obtener un buen equilibrio con la lechuga.

Terminar la ensalada con perejil picado y pimienta recién molida.

Ensalada de judías blancas

SG SFS VG

Había que incluir esta ensalada en la selección puesto que siempre ha sido una de nuestras favoritas. Tiene un sabor ligero y también resulta muy saciante. Se prepara muy rápidamente una vez que las judías están cocidas. Incluso los amigos que afirman que las judías no les gustan han cambiado de opinión después de probarla. Parece ser que a todo el mundo le encanta, tanto a los fans de las judías como a los que no lo son. Más de un asistente a nuestras sesiones de degustación nos ha dicho después: «Ha sido uno de mis platos favoritos, ¡y creía que no me gustaban las judías blancas!» Es una receta rica en proteínas que aporta una dosis de vitamina A y, además, el vinagre de sidra de manzana facilita la digestión.

Para 4 raciones

Tiempo de preparación: 5 minutos, más la preparación de las judías

1 zanahoria a dados
2 troncos de apio picados
15 g de rúcula troceada
500 g de judías blancas cocidas
la parte verde de una cebolla tierna a rodajas muy finas
1 cucharada de mezcla de semillas Farmacy (*véa*se pág. 80)
2 cucharadas de vinagre de Jerez
1 cucharada de vinagre de sidra de manzana
3 cucharadas de aceite de oliva
2 tomates maduros grandes sin semillas y con la carne cortada a dados
Sal
Salsa verde (*véa*se pág. 66)

Poner la zanahoria, el apio, la rúcula y las judías en un cuenco. Sazonar con la cebolla tierna, la mezcla de semillas, 1 cucharada del vinagre de Jerez, el vinagre de sidra y el aceite de oliva. Mezclar y dejar reposar al menos 1 hora.

Salar el tomate y echarle el resto del vinagre de Jerez.

Para servir, formar un montón con la mezcla de judías. Formar un anillo alrededor de este con los dados de tomate. Decorar con unas gotitas de salsa verde.

Los boles de la tierra de Farmacy ocupan un lugar central en nuestra historia, son un concepto en el cual empleamos los mejores sabores que podemos reunir de todos los rincones de este bello planeta. Se trata de platos en que toda una mezcla de sabores se sirve en un gran cuenco.

Boles de la tierra

¿Qué es un bol de la tierra?

Los ingredientes de cada uno de nuestros boles se seleccionan cuidadosamente y se combinan para crear un alimento saludable a la vez que delicioso. Cada receta incluye algún tipo de grano sin gluten y tres o cuatro platos combinados para crear una armonía espectacular de sabor, color y beneficios nutricionales. Todos ellos vienen acompañados de una salsa para ligar todos los ingredientes y se completan con brotes frescos y/o semillas, lo que aporta beneficios y color al plato. Las recetas de esta sección enseñan a preparar boles de la tierra inconfundibles, con los que podrás divertirte creando el aspecto que te guste con una paleta vibrante de colores, sabores y texturas.

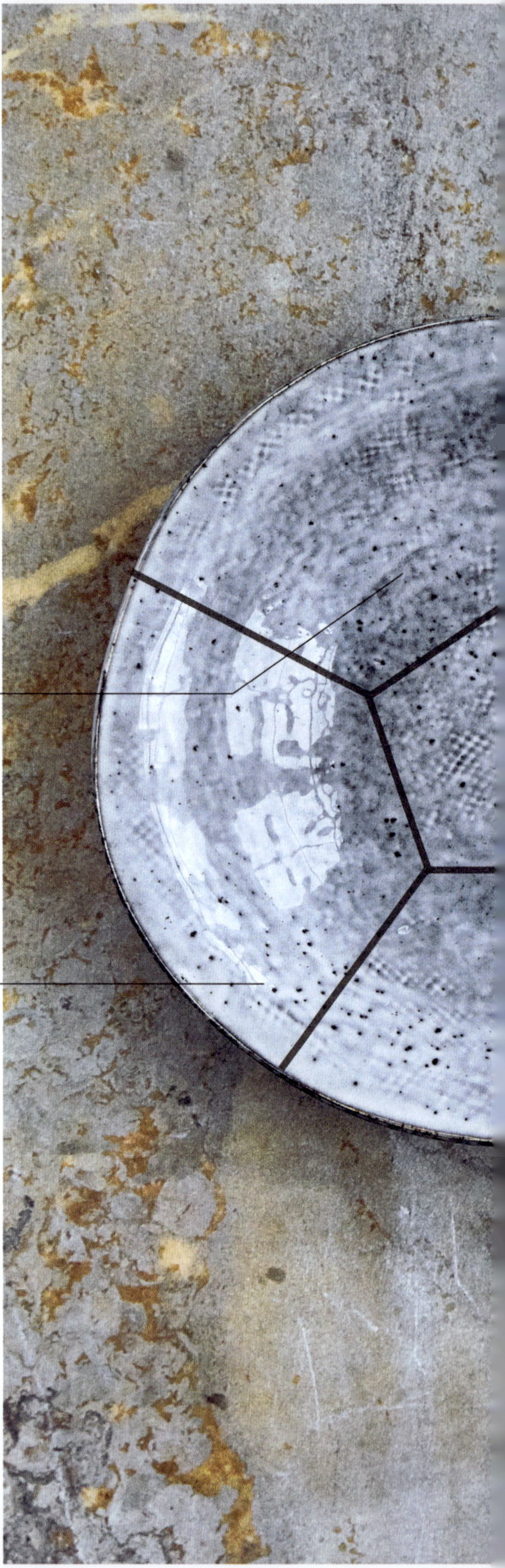

Grasas saludables

Aguacate
Coco deshidratado
Frutos secos - almendras, anacardos, nueces, nueces pacanas
Pipas y semillas - girasol, calabaza, cáñamo, sésamo

Elementos crudos

Algas
Berro
Brotes
Espárragos
Hierbas
Hinojo
Hojas de lechuga
Pepino
Rábano
Remolacha
Rúcula
Tomate
Zanahoria

Base

Fideos - de arroz, soba
Granos - arroz, mijo
Kale
Semillas - trigo sarraceno, quinua
Verduras de hoja

Hidratos de carbono

Apio nabo
Boniato
Patata
Raíz de loto

Verduras cocinadas

Berenjena
Brócoli
Calabacín
Coles de Bruselas
Coliflor
Espinaca
Kale
Pimiento

Leguminosas

Falafels
Garbanzos
Judías negras
Lentejas
Soja verde

Macrobol Farmacy

SG VG

Para 4 raciones
Tiempo de preparación: 30 minutos, más 20 minutos de cocción

Para la ensalada

Aceite de oliva para asar y aliñar
1 kg de boniatos cortados a dados de 2 cm
1 cabeza de brócoli cortada a trozos tamaño bocado
2 aguacates troceados
El zumo de 1 lima
15 g de algas deshidratadas variadas puestas en remojo en agua
100 g de lechuga variada (canónigos, rúcula y berro)
100g de brotes variados (rábano, brócoli y alholva)
El zumo de ½ limón
225 g de quinua cocida (*véa*se pág. 51)
Sal y pimienta negra

Para el aliño

1 calabacín grande pelado, troceado y sin pepitas
1 cucharada de zumo de limón
75 ml (5 cucharadas) de yogur de anacardos (*véa*se pág. 76)
1 cucharada de salsa del alquimista (*véa*se pág. 70)
4 cucharadas de levadura nutricional
2 cucharaditas de semillas de chía
3 dátiles, previo remojo durante 30 minutos
3 cucharadas de tamari
4 cucharadas de caldo vegetal (*véa*se pág. 60)
1 chile
3 cucharadas de hojas de estragón picadas

Este clásico de Farmacy es un plato nutritivo centrado en vegetales del mar y de la tierra, que incluyen boniato, algas y brócoli, con la quinua como corazón. Esta comida te producirá satisfacción, sensación de estar bien alimentado y te levantarás de la mesa rebosante de energía. Un plato cotidiano que te aporta todo lo que necesitas en un bol y te proporciona una amplia variedad de nutrientes para el cuerpo, que incluye proteínas, vitaminas, minerales y hierro.

Precalentar el horno a 200 ºC, termostato 6.

Para preparar la ensalada, echar aceite de oliva en una bandeja de horno, añadir los dados de boniato y asar durante 20 minutos, o más si es necesario, hasta que queden bien hechos. Sazonar con sal y reservar.

Hacer el brócoli al vapor o hervido hasta que quede al dente, unos 6 minutos. Escurrir y echar un poco de aceite y sal.

Rociar los trozos de aguacate con zumo de lima, salar y reservar.

Escurrir y secar bien las algas. Echar un poco de aceite de oliva y sal.

Combinar las lechugas y brotes y echar zumo de limón.

Preparar el aliño poniendo todos los ingredientes en un robot de cocina y procesando hasta que quede fino.

Para servir, hacer un montoncito con la quinua en el centro del bol y disponer alrededor el boniato, las lechugas y los brotes, el aguacate, las algas y el brócoli. Remover bien el aliño y servir con la ensalada.

Bol de kimchi

SFS VG

Para 4 raciones
Tiempo de preparación: 30 minutos, más 20 minutos de cocción

6 espárragos blancos pelados y cortados a tiras muy finas
2 zanahorias cortadas a tiras muy finas
200 g de fideos soba
375 g de kimchi (*véa*se pág. 204)
30 g de brotes variados
Zumo de limón para sazonar

Para las setas
500 g de setas shiitake
4 cucharadas de aceite de sésamo y un poco más para los fideos
4 cucharadas de vinagre de arroz
1 diente de ajo entero
2 cucharaditas de néctar de coco
1 puñado de hojas de albahaca
Sal y pimienta negra al gusto

Para los tallos de espinaca
250 g de tallos de espinaca (elegir los que estén unidos a la raíz)
2 cucharadas de aceite de coco
1 diente de ajo picado
1 chile picado
50 g de eneldo (tallos y hojas) picado
El zumo y la piel de 1 lima

Para el aliño
3 dientes de ajo rallados
6 cucharaditas de raíz de jengibre rallada
2 cucharadas de néctar de coco
2 chiles
2 cucharadas de miso de arroz integral
3 cucharadas de aceite de sésamo
3 cucharadas de vinagre de arroz
2 cucharadas de zumo de lima
La piel de 1 naranja
1 cucharada de salsa del alquimista (*véa*se pág. 70)
½ cucharadita de copos de chile
Sal

Este es un colorido bol de kimchi y setas con una base de fideos soba. Los tallos de espinaca y el eneldo se inspiran en la cocina turca y se mezclan con la col fermentada coreana. La combinación de sabores es una delicia. Este plato aporta una gran variedad de vitaminas y minerales y te deja una buena sensación después de comer. El kimchi es beneficioso para la salud intestinal y para la digestión. Se sirve frío, con lo cual resulta un deslumbrante almuerzo o cena de verano.

Sazonar los espárragos con un poco de zumo de limón y sumergir la zanahoria en agua para que se ablande.

Para preparar las setas, saltearlas en el aceite de sésamo en una sartén a fuego fuerte hasta que se hagan pero sin perder firmeza. En un cuenco grande, mezclar las setas, el vinagre, el ajo, el néctar de coco y la albahaca y salpimentar al gusto.

A continuación, saltear las espinacas en el aceite de coco en una sartén a fuego fuerte hasta que quede tierna; unos 10 minutos. Añadir el ajo, el chile, el eneldo, la piel de la lima y el zumo. Salar y reservar.

Preparar el aliño poniendo todos los ingredientes en un robot de cocina y procesando hasta que quede fino. Salar y reservar.

Sazonar la mezcla de brotes con zumo de limón y reservar.

Preparar los fideos siguiendo las instrucciones del envase. Pasar por agua fría para evitar que se peguen manipulando con los dedos para eliminar el exceso de almidón. Echar un chorrito de aceite de sésamo, remover y reservar.

Para servir, formar un montoncito con los fideos soba a un lado del plato de servir. Disponer los espárragos, las zanahorias escurridas, el kimchi, las setas, los brotes y las espinacas alrededor. Echar el aliño sobre los fideos ¡y a disfrutar!

Bol de kitchari

SG VG

Para 4 raciones
Tiempo de preparación: 30 minutos

375 g de arroz basmati blanco cocido
Brotes para decorar
1 ración de raita de pepino (*véase* pág. 180)

Para la soja

1 cebolla a dados
1 pimiento verde poco picante cortado a tiras
2 cucharadas de aceite de oliva
2 troncos de apio cortados a trozos de 2 cm
2 dientes de ajo picados
1 chile verde pequeño a rodajas muy finas (opcional)
1 cm de raíz de jengibre fresca rallada
1 ½ cucharada de cúrcuma molida
2 cucharadas de mezcla de semillas Farmacy (*véa*se pág. 80)
2 tomates troceados
140 g de soja amarilla partida cocida

Para la coliflor

1 cucharadita de curri suave en polvo
500 g de coliflor cortada en cogollos de 2,5 cm
1 cucharada de zumo de limón
4 cucharadas de aceite de oliva virgen extra
Sal y pimienta negra

Para el chutney de mango

1 mango maduro a dados, reservando el líquido
1 cucharada de agua
1 cucharada de vinagre de sidra de manzana
1 cucharadita de néctar de coco
1 chile rojo picado

Para la ensalada

200 g de rúcula
1 aguacate a gajos finos
2 cucharadas de pistachos pelados, tostados y picados
2 cucharadas de aceite de oliva
2 cucharadas de vinagre de sidra de manzana
Sal y pimienta negra

Esta es una antigua receta que Farmacy ha actualizado, creando un plato clásico y reconfortante que aporta salud y sabor en un plato. El kitchari es muy digestivo, posee ingredientes nutritivos y resulta un bálsamo para el estómago. Hemos añadido un acompañamiento de mermelada de tomate y coliflor picante para aumentar sus valores nutritivos así como su sabor. La receta contiene soja amarilla partida, que no produce gases como otras leguminosas. Este bol vibrante contiene proteína, fibra y una dosis saludable de vitaminas. Se recomienda arroz blanco para una absorción más rápida, que además es especialmente bueno para purificar el organismo. Cualquier arroz de buena calidad sirve para este plato.

Para preparar la soja, saltear la cebolla y el pimiento en aceite de oliva en una sartén a fuego medio hasta que la cebolla quede translúcida. Añadir el apio, el ajo, el chile (si se emplea), el jengibre, la cúrcuma y la mezcla de semillas y cocinar durante 1 minuto. Incorporar los tomates y dejar a fuego lento hasta que la mezcla adquiera consistencia de mermelada. Retirar del fuego, mezclar con la soja cocida y apartar.

Para preparar la coliflor, precalentar el horno a 200 ºC, termostato 6. Tostar el curri en polvo durante 1 minuto en una sartén caliente sin aceite y apartar.

Poner la coliflor en una fuente de horno y sazonar con sal, pimienta, el curri tostado y zumo de limón. Añadir 3 cucharadas de aceite de oliva. Hornear durante unos 15 minutos, removiendo una o dos veces. Sacar y dejar enfriar.

Para preparar el chutney, saltear un poco el mango en una sartén con su propio líquido y el agua hasta que reduzca. Incorporar el vinagre, el néctar de coco y el chile y cocinar 1 minuto más. La mezcla no debería quedar líquida. Reservar.

Mezclar todos los ingredientes de la ensalada.

Montar el bol haciendo un montoncito con el arroz en el centro y disponiendo todo lo demás alrededor. Decorar con brotes.

Bol japonés

SG VG

Para 4 raciones
Tiempo de preparación: 25 minutos

Para la raíz de loto

1 raíz de loto (*ver* Notas más abajo) cortada a rodajas de unos 0,5 cm

2 cucharadas de aceite de oliva

Sal

Para la salsa de miso con almendra

1 cucharada de miso de arroz integral

3 cucharadas de mantequilla de almendras

4 cucharadas de zumo manzana recién exprimido

1 cucharadita de sirope de arce

1 cm de raíz de jengibre fresca rallada

4 cucharadas de agua

Para las espinacas

200 g de espinaca

4 cucharadas de caldo de algas (*véa*se pág. 61)

1 cucharada de tamari

½ cucharadita de néctar de coco

1 cucharada de zumo de lima

Para las judías, algas y espárragos

200 g de judías verdes

12 espárragos finos

100 g de algas variadas (wakame, dulse o cualquier otra alga preparada para usar), previo remojo

1 cucharada de vinagre de arroz

2 cucharaditas de zumo de limón

2 cucharadas de aceite de sésamo y un poco más para los fideos

2 cucharadas de semillas de sésamo

250 g de fideos de arroz negro

4 rábanos a rodajas muy finas

Un plato inspirado en los sabores orientales y toda una bomba nutritiva con los brotes, los espárragos y el caldo de algas. La manzana, el jengibre y la almendra de la salsa le confieren un sabor y una personalidad únicos. Los brotes crudos contienen además buenos niveles de fibra, potasio, cobre y hierro. La impresionante raíz de loto aporta otros importantes minerales. Se recomienda servir frío.

Precalentar el horno a 180 ºC, termostato 4.

Poner la raíz de loto en una bandeja de horno con el aceite y sal y hornear durante 20 minutos. Preparar la salsa mezclando todos los ingredientes en un cuenco. Reservar. Si se prefiere, se puede ajustar la consistencia de la salsa más adelante añadiendo un poco de agua.

Poner las espinacas en un cacito, añadir un poco de agua hirviendo y hervir brevemente. Mezclar los demás ingredientes para crear un aliño. Aliñar ligeramente las espinacas (puede que no sea necesario emplear todo el aliño). Reservar.

Hervir las judías y los espárragos en cazos separados hasta que queden al dente y apartar. Escurrir las algas.
Mezclar el vinagre de arroz con 1 cucharada de zumo de lima y el aceite de sésamo e incorporar a las judías junto con las algas. Echar unas semillas de sésamo y reservar. Sazonar los brotes con el zumo de lima restante.
Preparar los fideos siguiendo las instrucciones del envase. Pasar por agua fría manipulando con los dedos para eliminar el exceso de almidón. Dejar enfriar, secar y aliñar con 1 cucharada de aceite de sésamo.

Para servir, colocar una pequeña cantidad de fideos en el bol. Disponer las judías, la espinaca, los espárragos y los rábanos alrededor. Poner la raíz de loto y unos brotes por encima y servir con la salsa.

Notas
Partir la raíz de loto por las intersecciones de las partes individuales y lavar bien con agua fría. Cortar las puntas y pelar la parte exterior más rugosa. Mojar en agua con un poco de limón (o en vinagre) para evitar la decoloración.

Bol mexicano

SG VG

Para 4 raciones
Tiempo de preparación: 20 minutos

250 g de arroz integral cocido
50 g de cilantro picado (tallos y hojas)
70 g de pipas de calabaza tostadas

Para las judías
1 cucharada de aceite de oliva
½ cebolla a dados
125 g de pimiento rojo a dados
25 g de apio a dados
1 diente de ajo picado
1 tomate pequeño, sin pepitas y a dados
350 g de judías negras cocidas
500 ml de caldo vegetal (*véa*se pág. 60)
Sal y pimienta negra

Para la salsa de aguacate y tomate
1 aguacate maduro a dados
2 tomates medianos a dados
1 cucharada de vinagre de sidra de manzana
1 diente de ajo rallado
2 cucharadas de hojas de cilantro picadas
2 cucharadas de zumo de lima
Sal para sazonar

Para el calabacín
1 calabacín grande a dados
1 cucharadita de pimentón ahumado
Sal para sazonar

Para decorar
100 g de lechuga variada
Zumo de limón al gusto
Aceite de oliva
6 cucharadas de yogur de anacardos (*véa*se pág. 76)
50 g de brotes
2 cucharadas de mezcla de semillas Farmacy (*véa*se pág. 80)

Uno de nuestros éxitos es esta maravilla sabrosa y saciante en un solo bol. Hemos adaptado la receta para que sea fácil de preparar en casa, pero manteniendo los sabores de inspiración mexicana. Las judías contienen altos niveles de proteína y minerales, el aguacate aporta grasas saludables y el yogur probióticos buenos para la salud intestinal. Con sus sabores profundos y satisfactorios, este plato es uno de nuestros favoritos para degustar y disfrutar tranquilamente en el almuerzo y la cena: un plato para compartir con amigos afortunados.

Cuando el arroz cocido esté completamente frío, mezclarlo con el cilantro y las pipas de calabaza. Reservar.

Preparar las judías salteando la cebolla, el pimiento rojo, el apio y el ajo en el aceite de oliva en una cacerola de base gruesa a fuego medio-alto hasta que la cebolla quede translúcida. Añadir los tomates y cocinar 1 minuto más. Incorporar las judías y el caldo y llevar a ebullición. Reducir a fuego lento y dejar que se haga lentamente hasta que reduzca en gran parte, vigilando que no se queme. Salpimentar y reservar.

Para la salsa de aguacate y tomate, mezclar todos los ingredientes y reservar.

Para preparar el calabacín, precalentar el horno a 180 ºC, termostato 4. Colocar los dados de calabacín en una bandeja de horno, sazonar con pimentón y sal y asar durante 10 minutos hasta que queden al dente.

Aderezar la lechuga variada con unas gotas de zumo de limón y un chorrito de aceite de oliva y apartar.

Poner un montoncito de arroz en el centro del plato de servir y disponer todo lo demás alrededor. Echar por encima el yogur de anacardos, los brotes y la mezcla de semillas y servir.

Bol tailandés

SG VG

Para 4 raciones

Tiempo de preparación: 30 minutos, más 24 horas de escabechado

Este bol se inspira en el gran plato nacional de Tailandia, el *pad thai*, y los sabores de la vibrante comida callejera de Bangkok. Los ingredientes poseen propiedades antiinflamatorias y el chile y las especias contribuyen a una buena digestión y a la salud intestinal. Disfruta de los sabores de Asia en este bol reconfortante.

Para la col escabechada

500 g de col lombarda cortada muy fina
125 ml de vinagre de sidra de manzana
65 ml (4 ½ cucharadas) de vinagre de arroz
2 cucharaditas de néctar de coco
2 dientes de ajo aplastados
2 cucharaditas de condimentos para escabechar (mostaza, hinojo, cilantro o comino, o bien una mezcla)
1 ½ cucharada de sal y un poco más para los fideos
Pimienta negra

Para la salsa

4 cucharadas de zumo de lima y 2 limas para servir
2 cucharadas de salsa del filósofo (*véa*se pág. 64)
2 cucharadas de pasta de tamarindo
3 cucharaditas de néctar de coco
1 cucharada de tamari
1 chile aplastado (opcional)
2 dientes de ajo bien picados
1 cm de raíz de jengibre fresca rallada
7 cucharadas de agua
1 cucharada de aceite de sésamo y un poco más para los fideos
2 cucharadas de mantequilla de almendras
3 hojas de albahaca partidas

Para las verduras

2 zanahorias cortadas a tiras muy finas
1 calabacín cortado a tiras muy finas
100 g de brotes
4 pak choi a tiras
1 aguacate maduro a dados

325 g de fideos de arroz

Para decorar

Hojas de cilantro y cacahuetes tostados

Preparar la col escabechada el día anterior echando 1 cucharada de sal sobre la col y masajeando para cubrirla bien. Dejar reposar media hora.

Preparar el líquido del escabeche mezclando los ingredientes restantes en un tarro grande con tapa de rosca. Remover enérgicamente hasta que estén bien mezclados. Echar sobre la col y dejar macerar durante 24 horas.

Pasar la mezcla a un tarro limpio (lo bastante grande para que quepan todos los ingredientes y quede un espacio de 4 cm arriba) y poner en la nevera.

Al día siguiente, preparar la salsa mezclando todos los ingredientes. Reservar.

Preparar las verduras. Mezclar las zanahorias, el calabacín y los brotes y reservar.

Poner el pak choi en un cuenco grande resistente al calor y echar una jarra de agua hirviendo. Dejar reposar un momento, escurrir y dejar enfriar antes de mezclarlo con el aguacate.

Preparar los fideos siguiendo las instrucciones del envase. Pasar por agua fría manipulando con los dedos para eliminar el exceso de almidón. Lavar así un par de veces, escurrir y extenderlos sobre una tabla de cortar. En cuanto estén secos, echar 1 cucharada de aceite de sésamo y una pizca de sal.

Colocar una pequeña cantidad de fideos en el centro del bol. Añadir la col escabechada, la mezcla de verduras, el pak choi y el aguacate. Terminar con los cacahuetes tostados y las hojas de cilantro. Servir con media lima para exprimir por encima y la salsa aparte.

Bol arábigo

SG VG

Para 4 raciones
Tiempo de preparación: 40 minutos, más 15 minutos de cocción y refrigeración

Para el tabulé de mijo
2 dientes de ajo bien picados
La piel de ½ limón
200 g de hojas de menta bien picadas
100 g de perejil o rúcula, o ambos
60 g de avellanas tostadas picadas
350 g de mijo cocido
1½ cucharadita de sal
Pimienta negra

Para la ensalada de pepino
2 pepinos troceados
2 dientes de ajo bien picados
3 cucharadas de zumo de limón
3 cucharadas de aceite de oliva
3 cucharadas de cilantro picado

Para la berenjena
150 g de berenjena a rodajas

Para la ensalada de tomate
2 tomates medianos troceados
1 rodaja de 1 cm de limón, sin pepitas y bien picada
1 cucharadita de mezcla de semillas Farmacy (*véa*se pág. 80)
1 cucharada de vinagre de sidra de manzana
2 cucharadas de cilantro picado (tallos y hojas)

Para el aliño de *fatush*
4 cucharadas de aceite de oliva
4 cucharadas de zumo de tomate
½ cucharadita de ajo bien picado
3 cucharadas de zumo de limón
1 chile bien picado (opcional)

Para servir
Hummus de Farmacy (*véa*se pág. 111)
Lechuga variada y brotes

Este nutritivo bol representa nuestra versión del tabulé, que emplea mijo en lugar de trigo. El tabulé es tan rico que nos encanta hacerlo muy a menudo aunque sea para comer solo. Está más bueno aún si se guarda en la nevera y se come al día siguiente (si lo haces, sazónalo un poco más). El aliño del *fatush* le aporta un toque árabe.

Para empezar con el tabulé, mezclar en un cuenco el ajo, la piel de limón, la menta, el perejil o rúcula, las avellanas, la sal y la pimienta. Reservar.

Para la ensalada de pepino, colocar el pepino sobre un papel de cocina para eliminar el exceso de agua. Mezclar los demás ingredientes para crear un aliño. Aliñar el pepino y reservar.

Preparar las berenjenas siguiendo la receta de los filetes de berenjena (*véa*se pág. 186), pero saltándose el paso de salar. Reservar.

Preparar la ensalada de tomate mezclando todos los ingredientes. Reservar.

Introducir todos los ingredientes del aliño de *fatush* en un tarro con tapa de rosca y agitar con fuerza.

Antes de servir, terminar el tabulé. El mijo debe estar completamente frío para que no ablande las hierbas. Combinarlo con el limón, las hierbas y la mezcla de avellanas usando un tenedor.

Coger un plato para servir y poner un montoncito de mijo hacia un borde de este. Colocar la berenjena, el hummus, la ensalada de tomate y la de pepino formando una media luna alrededor del mijo. Terminar con unos brotes por encima y servir con la salsa aparte.

Aquí presentamos una selección de nuestros platos principales favoritos, entre los cuales se encuentra una adaptación de la famosa hamburguesa Farmacy. Son platos para disfrutar y compartir, que van desde cenas sencillas a recetas más elaboradas para comer en fiestas con amigos.

Platos principales

Curri de boniato y setas

SG VG

Para 4 raciones
Tiempo de preparación: 15 minutos, más 20 minutos de cocción

Esta receta inspirada en la cocina tailandesa es una versión casera de nuestro curri. Es un plato rebosante de color y beneficios. Susie dice que este curri sería su paraíso tropical. Esta receta ha arrancado exclamaciones de sorpresa en la mesa de degustación. Su sabor, profundo y delicioso,
es un bálsamo para el corazón y el alma.

Para la pasta de curri

1 chile rojo
4 dientes de ajo ligeramente picados
2 tallos de citronela troceados
4 ramitas de cilantro, tallos incluidos
1 ½ cucharadita de cúrcuma molida
1 cucharadita de sal

Para el curri

4 chalotas picadas
4 dientes de ajo picados
2 cucharadas de aceite de oliva
2 cucharadas de pasta de curri (*véase* arriba)
1 cucharada de raíz de jengibre fresca rallada
500 ml de caldo vegetal (*véa*se pág. 60)
1 kg de boniatos pelados y cortados a dados
2 hojas de lima kaffir picadas
200 g de seta de cardo o de otro tipo
125 g de cacahuetes tostados picados
375 ml de leche de coco
3 cucharadas de salsa del filósofo (*véa*se pág. 64)
2 cucharadas de néctar de coco

Para la raita de pepino

2 pepinos sin pepitas y a dados
125 g de yogur de anacardos (*véa*se pág. 76)
3 cucharadas de eneldo picado
1 ½ cucharada de zumo de limón

Para decorar

Pipas de calabaza tostadas
Hojas de cilantro
2 limas cortadas por la mitad

Batir todos los ingredientes de la pasta de curri en un robot de cocina hasta que formen una pasta. Puede que haga falta añadir un par de cucharadas de agua. Reservar. La cantidad de pasta es superior a la necesaria para la receta, pero en la nevera se conserva bien durante meses.

Para preparar el curri, saltear las chalotas y el ajo en el aceite en una cacerola de base gruesa a fuego medio hasta que queden translúcidas. No hay que dejar que adquieran color. Añadir la pasta de curri y el jengibre y cocinar 1 minuto más.

Incorporar el caldo vegetal, los boniatos y las hojas de lima y llevar a ebullición. Reducir el fuego y dejar 10 minutos.

A continuación, añadir las setas, los cacahuetes y la leche de coco. Removiendo, incorporar la salsa del filósofo y el néctar de coco. Dejar a fuego lento durante 5 minutos. Comprobar si los boniatos están hechos y dejar más tiempo si hace falta.

Apagar el fuego, tapar la cacerola y dejar reposar 20 minutos.

Mientras tanto, preparar la raita mezclando todos los ingredientes en un cuenco mediano.

Servir el curri decorado con pipas de calabaza y hojas de cilantro junto con una cucharada de raita y media lima para exprimir por encima.

Hamburguesa Farmacy

SG SFS VG

Este es el número uno de nuestra carta, así que no podíamos dejarlo fuera. Se trata de nuestra versión de la omnipresente hamburguesa, pero basada en plantas. Y además, es sabrosísima y nutritiva. Empleamos judía negra para crear el delicioso sabor de la hamburguesa de legumbres, que proporciona proteínas, magnesio y vitaminas. Las otras capas son añadidos sabrosos que, al apilarlos, crean este emblemático plato con corazón. ¡Siempre triunfa!

Para 8 raciones
Tiempo de preparación: 40 minutos, más 30 minutos de refrigeración y 10 minutos de cocción

Para la hamburguesa
280 g de champiñones
60 g de pimiento rojo troceado
30 g de cebolla roja troceada
30 g de miso de arroz integral
60 g de copos de avena jumbo sin gluten
¼ de cucharadita de pimienta negra molida
una pizca de sal
¼ de cucharadita de ajo en polvo
¼ de cucharadita de chile en polvo
150 g de harina de arroz integral
1½ cucharada de aceite de oliva
375 g de judías negras cocidas (*véa*se pág. 57)
125 g de mijo cocido (*véa*se pág. 51)
10 g de perejil picado

Para las capas
8 panecillos de masa madre
Kétchup de bayas de Goji (*véa*se pág. 112)
1 lechuga francesa pequeña
Alioli (*véa*se pág. 114)
1 tomate maduro grande a rodajas
1 tarro de pepinillos ecológicos
1 aguacate aplastado

Precalentar el horno a 180 ºC, termostato 4.

Colocar los champiñones sobre una bandeja de hornear y llevar al horno 10 minutos. Sacarlos, verter el jugo en una jarra y dejarlo enfriar todo.

Poner el pimiento y la cebolla en otra bandeja y hornear 15 minutos. Retirar y dejar enfriar.

Una vez frías, pasar todas las verduras a un robot de cocina y procesar. Añadir los demás ingredientes de la hamburguesa excepto el mijo y el perejil y seguir procesando, con cuidado de no sobrepasarnos, pues podría convertirse en una pasta. Para terminar, incorporar el mijo y el perejil y remover.

Poner la mezcla a enfriar en la nevera y, una vez fría, darle la forma de 8 hamburguesas individuales.

Calentar una plancha o sartén a fuego vivo. Hacer las hamburguesas hasta que se forme un poco de corteza por debajo, unos 5 minutos, y darles la vuelta.

Abrir los panecillos y tostarlos, si se desea. Echar una cucharada de kétchup de Goji en la base de cada uno de ellos y poner una capa de lechuga y luego la hamburguesa. Añadir una capa de alioli y, encima, una rodaja de tomate y un par de pepinillos. Para terminar, extender aguacate aplastado por dentro de la parte superior del panecillo y formar el bocadillo.

Brócoli y col con salsa de coco

SG SFS VG

Este es un plato bonito y, además, lleno de verduras cargadas de nutrientes de precioso color, que se inspira en un plato vegetal servido por Damien Bolger en su restaurante The Greenhouse de Barcelona. En este caso, hemos cogido dos verduras comunes y las hemos combinado con la salsa de coco para crear un sabor sensacional. El eneldo y la lima, además, le añaden chispa y un toque herbal.

Para 4 raciones
Tiempo de preparación: 30 minutos, más 20 minutos de cocción

Para el aceite de eneldo
100 g de eneldo
200 ml de aceite de girasol o de canola
1 cucharadita de sal

Para la col y el brócoli
1 cabeza de brócoli cortada en cogollos
4 cucharadas de aceite de coco
16 hojas de col china (napa)
500 ml de leche de coco
1 cucharada de salsa del filósofo (*véa*se pág. 64)
Un chorrito de zumo de lima
Sal y pimienta negra

Para servir
175 g de quinua cocida (*véa*se pág. 51)
Ramitas de eneldo
La piel de 1 limón

Para el aceite de eneldo, llevar a ebullición una cacerola de agua y escaldar ligeramente el eneldo. Retirarlo con una espumadera y enfriarlo en un cuenco de agua fría. (Reservar el agua hirviendo y la fría para cocinar y enfriar la col.) Pasar el eneldo a una batidora junto con el aceite y la sal y batir a velocidad alta 2-3 minutos. Colar el aceite y reservar para luego.

En una sartén, saltear el brócoli en aceite de coco, dejando que se tueste un poco. Mientras aún están al dente, apagar el fuego y dejar que acabe de hacerse a medida que la sartén se enfría. Reservar.

Escaldar las hojas de col en agua hirviendo con sal y luego enfriarlas en el agua reservada y escurrir con un colador.

Echar la leche de coco en una cacerola, llevar a ebullición y dejar que se reduzca a la mitad. Incorporar la salsa del filósofo y remover. Añadir las hojas de col, el brócoli, un poco de aceite de eneldo y el zumo de lima y salpimentar.

Servir con la quinua, decorado con ramitas de eneldo, ralladura de limón y un poco de aceite de eneldo.

Filetes de berenjena con tahini y salsa verde

SG SFS VG

Estos filetes vegetales tienen un sabor potente, realzado por dos de nuestras salsas favoritas: el tahini y la salsa verde. Este es un plato ligero pero cargado de sabor. La berenjena contiene muchos nutrientes y funciona muy bien como filete.
Eso sí, si se cocina con demasiado aceite se puede echar a perder. En esta receta, la berenjena se hace al vapor después de dorarla unos minutos en un poco de aceite. Servida junto a una ensalada ligera está riquísima.

Para 4 raciones
Tiempo de preparación: 10 minutos, más 30 minutos de escurrido

3 berenjenas firmes a rodajas de 2 cm
4 cucharadas de aceite de oliva
4 cucharadas de agua
Sal

Para servir
Salsa tahini (*véa*se pág. 68)
Salsa verde (*véa*se pág. 66)

Salar generosamente las rodajas de berenjena para eliminar el exceso de agua. De este modo, se desprenden de su amargor y se reduce el tiempo de cocción.

Colocar las rodajas en vertical en un colador y dejar en el fregadero 30 minutos o más.

Cuando se vayan a cocinar, coger papel de cocina y eliminar la sal y la humedad de su superficie.

Hacerlas en 2 lotes. Frotar la mitad de las rodajas con 1 cucharada de aceite de oliva y calentar otra cucharada en una sartén antiadherente a fuego fuerte. Colocar las rodajas untadas en aceite en la sartén caliente y darles la vuelta a los 3 minutos. Añadir 2 cucharadas de agua a la sartén, cubrir y bajar a fuego medio durante 4 minutos. Repetir con el resto de las rodajas.

Echar un poco de tahini en el plato de servir, colocar 3 o 4 berenjenas solapadas sobre la salsa y echar un chorro de salsa verde encima. Este plato puede servirse tanto caliente como frío.

Pastel del recolector

SG SFS VG

Un estofado de Farmacy con una cobertura sencilla y fresca. Este plato proporciona buenos niveles de fibra y vitaminas. El hinojo es una gran fuente de calcio, magnesio y hierro y la cobertura de puré de apio nabo crea una versión más ligera que el pastel de carne tradicional. Cuanto más frescos los ingredientes, mejor.

Para 4 raciones
Tiempo de preparación: 20 minutos, más 40 minutos de cocción

Para el estofado

200 g de cebolla blanca, sumergida en agua fría 30 minutos y cortada a rodajas finas

5 cucharadas de aceite de oliva

5 alcachofas pequeñas, peladas, sin la parte peluda y troceadas (*ver* Notas más abajo)

1½ cucharada de zumo de limón (para la preparación de los corazones de alcachofa)

200 g de bulbo joven de hinojo cortado a daditos

50 g de eneldo fresco

500 g de espárragos cortados a trozos de 1 cm

500 g de seta de cardo a láminas

½ cucharadita de sal

Para el apio nabo

1 kg de apio nabo pelado y cortado a dados grandes

2 cucharadas de aceite de oliva

Sal

Para decorar (opcional)

Brotes verdes o germinados

Hinojo

Calentar una cazuela grande a fuego medio-lento y hacer la cebolla en un poco de aceite hasta que quede translúcida. Reducir el fuego para que la cebolla se haga pero sin dorarse.

Incorporar las alcachofas, el hinojo y el eneldo y remover bien. Tapar y dejar 5 minutos. A continuación, añadir 3 cucharadas de agua y remover. Tapar y dejar otros 10 minutos.

En este momento, las alcachofas deberían estar más que medio hechas. Añadir los espárragos, las setas y la sal y remover. Comprobar el líquido en la cazuela: debería haber un poco para que las verduras se sigan haciendo, pero si está seca, añadir 1 o 2 cucharadas más de agua y tapar.

Volver a comprobar al cabo de 10 minutos. En el fondo de la cazuela debería quedar una especie de jarabe formado por las verduras. Si hay demasiado líquido, pasarlo a un cazo y reducir para luego devolverlo a la cazuela. Tapar, retirar del fuego y reservar.

Llevar una olla grande de agua a ebullición, echar los dados de apio nabo y hervir hasta que estén tiernos. Pasar a un robot de cocina junto con el aceite de oliva y sal al gusto. El apio nabo debería tener la consistencia de un puré de patata.
Cubrir las verduras con el apio nabo y hacerlas al grill precalentado hasta que el pastel se caliente de manera uniforme y la cobertura quede dorada y crujiente.

Para servir, colocar una porción en cada plato y decorar con brotes tiernos e hinojo, si se desea.

Notas
Cortar las alcachofas por la mitad y retirar las hojas exteriores hasta que se vea la parte tierna del interior. Limpiar la pelusa de alrededor del corazón y eliminar las partes más duras. Unta el resto del corazón con un poco de zumo de limón para evitar la oxidación.

SG VG

Setas y pencas de acelga con salsa de estragón

Para 4 raciones

Tiempo de preparación: 20 minutos, más 15 minutos de cocción

Para el mijo

3 cucharadas de zumo de limón

5 cucharadas de aceite de oliva

½ cucharadita de sal

100 g de perejil picado muy fino

175 g de mijo cocido y dejado enfriar (*véa*se pág. 51)

Para la salsa de estragón

125 ml de yogur de anacardos (*véa*se pág. 76)

1 cucharada de piñones

1½ cucharada de zumo de limón

3 cucharadas de hojas de estragón

2 cucharadas de aceite de oliva

Para la salsa de nueces y lima

70 g de nueces

3 cucharadas de aceite de nuez

70 g de mezcla de hierbas (estragón, perejil, cebollino, rúcula)

4 cucharadas de zumo de lima

½ chile verde (opcional)

Para las setas y los espárragos

300 g de setas silvestres

2 cucharadas de aceite de oliva

1 diente de ajo bien picado

8 espárragos blancos sin las puntas y cortados a tiras

3 cucharadas de zumo de limón

150 de pencas de acelga cortadas a tiras (guardar las hojas para la sopa verde de la granja - *véa*se pág. 132)

Sal

Este plato clásico surgió de la inspiración de un paseo por el bosque. Es perfecto como cena de primavera u otoño. La receta parece salida de la cesta de un recolector, con los espárragos, las setas y las pencas de acelga aromatizadas con estragón, mijo y nueces. El mijo tiene muchos nutrientes, incluidos calcio, hierro, zinc y magnesio, y también es una fuente saludable de ácidos grasos esenciales, proteína y fibra. Es un plato bonito y, además, saciante. Va muy bien como plato principal para una cena y aún mejor si se come al aire libre.

Mezclar el zumo de limón, el aceite y la sal para preparar un aliño para el mijo. Incorporar el perejil y el mijo frío y reservar.

Preparar la salsa de estragón mezclando todos los ingredientes con una batidora hasta que quede fina.

Preparar la salsa de nueces y lima mezclando todos los ingredientes en un robot de cocina hasta obtener una consistencia suave.

Calentar una sartén a fuego medio-alto y saltear las setas con la mitad del aceite de oliva. Removerlas lo menos posible para que se forme una corteza. Una vez que hayan adquirido un buen color, remover una vez, añadir el ajo, moverlas durante 30 segundos y reservar. Saltear los espárragos en la mitad del aceite restante hasta que queden al dente. Salar, echar un chorrito de zumo de limón y añadir a las setas.

A continuación, saltear las pencas de acelga con el resto del aceite hasta que estén hechas. Si se tuestan un poco no pasa nada. Salar y añadir a las setas. Remover hasta que todos los elementos queden bien mezclados.

Para servir, echar una cucharada escasa de salsa de nueces y lima en el plato de servir y poner encima el mijo, la mezcla de setas y espárragos y la acelga. Decorar generosamente con la salsa de estragón.

Guiso de calabaza y espinacas

SG VG

Un guiso reconfortante con sabores profundos, ideal para cualquier estación. Este plato puede comerse caliente en invierno, pero también está delicioso servido frío en verano. Los frutos secos, la calabaza y las espinacas aportan vitaminas, fibra, zinc, proteína, ácido fólico, potasio y otros minerales. Para esta receta, elige una calabaza de cuello largo para que te salgan unos trozos bien redondos y uniformes.

Para 4 raciones

Tiempo de preparación: 30 minutos, más el remojo y 45 minutos de cocción

Para la crema de anacardo

200 g de anacardos crudos, previo remojo durante 2 horas y escurridos
4 cucharadas de zumo de limón
½ cucharadita de sal
1 cucharada de levadura nutricional
150 ml de agua

Para la calabaza

el cuello de 1 calabaza alargada grande, pelado y a rodajas de 0,5 cm
1 cucharada de aceite de coco
Sal y pimienta negra
100 g de nueces de macadamia aplastadas

Para la salsa blanca

2 cucharadas de aceite de oliva y un poco más para el plato
200 g de espinaca
1 diente de ajo picado
100 ml de caldo vegetal (*véase* pág. 60)
100 ml de leche de coco
1 cucharada de mantequilla de almendras
1 cucharadita de sal
¼ de cucharadita de pimienta
Una pizca de nuez moscada rallada

Introducir todos los ingredientes de la crema de anacardo en un robot de cocina y trabajar hasta obtener una mezcla cremosa. Si es necesario, echar un poco más de agua para lograr una buena consistencia. Reservar.

Precalentar el horno a 180 °C, termostato 4, y forrar 2 bandejas de horno con papel sulfurizado.

Poner las rodajas de calabaza en un cuenco y mezclarlas con un poco del aceite de coco. Disponerlas sobre las bandejas, untar un poco más de aceite de coco y salpimentar. Hornear durante 15 minutos o hasta que empiece a estar tierna. Dejar en el horno para que acabe de asarse.

Para preparar la salsa blanca, calentar el aceite de oliva en una sartén y saltear la espinaca. Retirar de la sartén y dejar secar en una tabla. Se puede utilizar papel de cocina para secarlas dándole toquecitos; las espinacas deben estar totalmente secas o de lo contrario aguarán la salsa. Usar la misma sartén para calentar el ajo durante 1 minuto. Añadir el caldo, la leche de coco y la mantequilla de almendras y remover hasta formar una salsa espesa. Incorporar las espinacas y sazonar con sal, pimienta y nuez moscada. Reservar.

Untar con un poco de aceite una fuente de horno mediana. Disponer una capa de 10 rodajas de calabaza superpuestas en el fondo de la fuente y echar crema de anacardo por encima. Repetir hasta formar 2 o 3 capas. Cubrir con la salsa blanca y echar los trozos de nueces macadamia por encima.

Cubrir el guiso con papel sulfurizado y hornear hasta que esté bien hecho, unos 10 minutos. Destapar y hornear durante 4 minutos más antes de servir.

Los acompañamientos de este capítulo aportan
un estallido de sabor y color a la mesa.
Sanos y nutritivos, con estilo y su propio punto,
son perfectos para compartir y combinar
con los platos principales.

Acompañamientos

SG SFS VG

Patatas fritas caseras de boniato

Esta receta es una alternativa saludable a las patatas fritas. Proporcionan todos los beneficios nutricionales del boniato, incluidos potasio, fibra alimentaria y un montón de vitamina C. La salvia y el ajo añaden un toque italiano y los brotes contribuyen con otra dosis de nutrientes.

Para 4 raciones

Tiempo de preparación: 10 minutos, más 35 minutos de cocción

1 kg de boniatos cortados a dados
2 cucharadas de aceite de oliva y un poco más
6 hojas de salvia troceadas
1 diente de ajo bien picado
Un puñado de lentejas germinadas para decorar
Sal

Para el aliño

2 cucharadas de aceite de oliva
2 cucharadas de vinagre de sidra de manzana
¼ de cucharadita de sal

Poner los boniatos en una olla de agua hirviendo con sal durante 3 minutos. Escurrir y dejar enfriar un poco.

Calentar el aceite de oliva en una sartén hasta que esté muy caliente y añadir el boniato. Dejar que se forme cierta costra en los boniatos. Reducir el fuego al mínimo y, sin mover los dados, dejar que esta corteza se desarrolle.

A los 5 minutos, comprobar que el fuego esté lo bastante bajo para que no se quemen, pero lo bastante caliente para que se sigan tostando. Al cabo de 10 minutos, darles la vuelta para que se hagan por el otro lado. Repetir hasta que todos los lados estén tostados. No moverlos con demasiada frecuencia porque esto impide que se forme la costra.

A los 20 minutos, añadir un poco más de aceite junto con las hojas de salvia y remover. Al cabo de otros 5 minutos, añadir el ajo y volver a remover. Retirar del fuego.

Preparar la salsa mezclando los ingredientes en un tarro con tapa de rosca removiendo con fuerza.

Mezlcar los brotes con el boniato y servir con el aliño.

SG SFS VG

Bastoncitos de garbanzo al horno

Estos bastoncitos son tan ricos como parecen y al hornearse quedan crujientes. Los garbanzos contienen muchas proteínas, fibra y, como todos nuestros platos, no llevan gluten y saben divinamente.
Los bastoncitos están hechos de harina de garbanzo, que conserva todos sus nutrientes, y son una gran fuente de hierro. Son divertidos y perfectos para compartir y resultan ideales para una fiesta o para un picoteo antes de cenar.

Para 6 raciones
Tiempo de preparación: 20 minutos, más 2 horas de refrigeración

115 g de harina de garbanzos
500 ml de agua fría
1 cucharadita de sal
1 chile
1 cucharadita de mezcla de semillas Farmacy (*véa*se pág. 80)
½ cucharadita de piel de limón
¼ de cucharadita de ajo en polvo
1 cucharada de aceite de oliva y un poco más para cocinar

Para decorar (todo opcional)
Semillas de sésamo
Pimentón
Hierbas frescas picadas
Salsa tahini (*véa*se pág. 68)

Mezclar todos los ingredientes en un robot de cocina hasta que quede suave. Pasar el contenido a un cazo y calentar a fuego lento, removiendo sin parar, durante unos 10 minutos.
Se obtendrá una consistencia similar a la de la nata espesa o la de unas gachas.

Verter en una fuente untada de aceite y dejar reposar en la nevera. Este proceso lleva unas 2 horas.

Precalentar el horno a 180 °C, termostato 4. Retirar la mezcla de la fuente y cortar en forma de bastoncitos. Colocar en una bandeja de horno untada de aceite para que no se peguen y hornear hasta que se doren, unos 30 minutos.

Servir con semillas de sésamo, pimentón o hierbas frescas recién picadas por encima o con salsa tahini para mojar.

SG SFS VG

Confit de pimiento rojo asado

El dulzor ahumado de los pimientos sale a relucir en esta receta, que además tiene muchos antioxidantes. Si tienes carencia de hierro, prueba a combinar los pimientos con tus fuentes habituales de hierro, ya que facilitan su absorción de manera significativa. Los pimientos rojos también son una buena fuente de vitamina B6, contienen más del doble de la ingesta diaria recomendada de vitamina C ayudan a acelerar el metabolismo. Este plato de un rojo vibrante añadirá un toque de color a la mesa. Empleamos este confit en otras recetas, incluida la ensalada verde con aliño de lentejas (*véase* pág. 144).

Para 4-6 raciones
Tiempo de preparación: 5 minutos, más 40 minutos de cocción

1 cucharada de aceite de oliva
3 pimientos rojos cortados a tiras
1-2 chiles rojos bien picados
1-2 dientes de ajo
1 cucharadita de tamari
1 cucharada de vinagre de Jerez
3 cucharadas de agua y un poco más si se requiere
1 cucharada de néctar de coco
Sal

Calentar el aceite de oliva en un wok con tapa y echar las tiras de pimiento. Sacudir con cuidado hasta que las tiras queden cubiertas de aceite. Echar un poco de sal.

Al cabo de 5 minutos, incorporar el resto de los ingredientes y volver a mover con cuidado. Llevar a ebullición, reducir el fuego y dejar a fuego lento. Remover de vez en cuando, con más frecuencia a medida que el líquido vaya desapareciendo y vigilando que los pimientos no se peguen. Si no están del todo tiernos, añadir un poco más de agua y continuar la cocción. Estarán listos cuando queden bien tiernos y dulces y se haya evaporado todo el líquido. Esto llevará en total unos 30-40 minutos.

Brócoli asado con chile y ajo

Un acompañamiento picante con un montón de sabor y nutrientes. Una forma sencilla de darle vida al brócoli y una fuente de fibra, proteína, hierro, calcio y vitamina C.

Para 4 raciones
Tiempo de preparación: 5 minutos, más 15 minutos de asado

1 cabeza de brócoli cortada en cogollos
1-2 chiles rojos picados
1-2 dientes de ajo picados
Aceite de oliva
2 cucharadas de levadura nutricional
Sal

Precalentar el horno a 190 °C, termostato 5.

Mezclar en un cuenco todos los ingredientes excepto la levadura nutricional. Pasarlos a una bandeja de hornear y asarlos en el horno unos 15 minutos.

Echar la levadura nutricional y servir.

Kimchi de manzana verde y ajo negro

SG SFS VG

El kimchi es bueno para la salud intestinal y para el paladar, y se puede preparar fácilmente en casa. Es beneficioso para la salud general y especialmente para el intestino debido al proceso de fermentación. Los alimentos fermentados son ricos en enzimas que ayudan al sistema inmunitario, a la digestión y a mantener el pH intestinal en un equilibrio óptimo. La manzana verde aporta un sabor delicioso e intenso a la mezcla al combinarse con el ajo negro, que proporciona beneficios adicionales para la salud y crea un gran sabor sin necesidad de añadir cebolla.

Para 8 raciones

Tiempo de preparación: 1 hora, más 3-5 días de fermentación

1 col china (napa) de aproximadamente 1 kg cortada a trozos de 2 cm

85 g de sal

3 chiles rojos o lo que tengas a mano

1 cucharadita de raíz de jengibre fresca rallada

2 dientes de ajo negro

1 cucharada colmada de ajo normal bien picado

1 ½ cucharadita de néctar de coco

3 cucharadas de agua

1 manzana verde cortada a tiras

300 g de daikon cortado a tiras

Combinar la col con la sal frotando durante 5 minutos. Dejar reposar 1 hora.

Poner la col en un colador y lavar a conciencia 3 veces para eliminar la sal. Dejar en el mismo colador durante 20 minutos.

Con la batidora, preparar una pasta con el chile, el jengibre, el ajo negro, el normal, el néctar de coco y el agua.

Mezclar la col, la pasta, la manzana y el daikon en un cuenco grande. Pasar la mezcla a un tarro de 1,5 l de capacidad con una tapa que cierre bien.

Presionar la mezcla con cuidado para que salgan las burbujas de aire y para formar una columna bien apretada. Dejar 3 cm de espacio en la parte superior, comprobando que la mezcla quede completamente sumergida en el líquido.

Tapar el tarro (si queda demasiado bien cerrado puede explotar al abrirse) y guardar en un sitio fresco y seco, con un plato debajo por si se sale algo. Dejar fermentar entre 3 y 5 días.

Comprobar la fermentación a diario y abrir la tapa para liberar las burbujas de aire y la presión del tarro. Cada vez que se vuelva a cerrar, hay que vigilar que no quede firmemente tapado.

SG VG

Pak choi con aliño de yogur

Esta receta se inspira en el clásico plato de *pak choi* tailandés. Hemos añadido aguacate y yogur casero para crear una salsa más cremosa, nutritiva y espesa. El *pak choi* es una verdura de hoja con un importante papel en la cocina asiática y en la medicina tradicional china. Este plato constituye una gran fuente de calcio, magnesio y hierro y además proporciona antioxidantes y nutrientes beneficiosos para la salud ósea, así como para el corazón y el sistema inmunitario. El *pak choi* tarda poco en hacerse, lo que convierte a este plato en un acompañamiento ligero y versátil rápido de preparar.

Para 4 raciones
Tiempo de preparación: 5 minutos

4 cabezas de pak choi a tiras
1 aguacate maduro a dados

Para el aliño

250 ml de yogur de coco o anacardos (*véa*se pág. 76)
2 cucharadas de salsa del filósofo (*véa*se pág. 64)
2 cucharadas de zumo de lima, o la cantidad al gusto

Para decorar

2 cucharadas de cacahuetes tostados troceados
2 cucharadas de semillas de sésamo negro

Poner el pak choi en un cuenco grande resistente al calor y echar una jarra de agua hirviendo. Dejar reposar un momento, escurrir y reservar.

Preparar el aliño mezclando el yogur, la salsa del filósofo y el zumo de lima. El sabor a lima debe ser predominante, así que ajustar al gusto.

Mezclar el aguacate con el pak choi y el aliño. Terminar con los trocitos de cacahuete y las semillas de sésamo y servir en un plato bien bonito.

Ensalada asiática de col

SG VG

Esta ensalada ligera y crujiente puede servirse junto a una gran variedad de platos y aporta color, sabor y una inyección de nutrientes, entre ellos proteínas, hierro y magnesio. Lleva un aliño a base de mantequilla de almendras en lugar de mayonesa.

Para 10 raciones
Tiempo de preparación: 10 minutos, más 2 horas de refrigeración

500 g de col blanca
1 pimiento rojo sin pepitas ni corazón
3 zanahorias
4 cucharadas de vinagre de arroz
4 cucharadas de mantequilla de almendras
1 ½ cucharada de zumo de limón y un poco más al gusto
2 cucharadas de néctar de coco
1 cucharadita de sal y un poco más para salar
1 cucharadita de aceite de sésamo tostado
2 cucharaditas de tamari
125 g de cacahuetes tostados, ligeramente troceados, para servir

Con ayuda de un robot de cocina, cortar todas las verduras a tiras muy finas.

Mezclar el resto de los ingredientes, excepto los cacahuetes, en un cuenco, removiendo hasta que la salsa adquiera una textura similar a la de la mayonesa.

Salar las verduras, echar el aliño lentamente y remover. El objetivo es que la ensalada quede bien aliñada, pero no nadando en la salsa. Llevar a la nevera durante un mínimo de 2 horas antes de servir.

En ese momento, añadir un poco de zumo de limón si hace falta junto con los cacahuetes troceados.

Yuca asada con salsa verde

SG SFS VG

La yuca es un alimento del Nuevo Mundo con más de 10 000 años de antigüedad. Forma parte de la alimentación habitual en Brasil, Paraguay e Indonesia. Esta raíz está cargada de fibra alimentaria beneficiosa, que ayuda a reducir la presión arterial y el colesterol y a mantener unos niveles de azúcar en sangre estables. Es rica en magnesio, cobre, manganeso, ácido fólico y vitamina C.
En resumen, consumir esta raíz saludable te ayudará a mantener el equilibrio nutricional.

Para 4 raciones
Tiempo de preparación: 5 minutos, más 35 minutos de cocción

1 kg de yuca, pelada, con el centro fibroso retirado y la carne cortada en forma de bastones de 2 x 12 cm
Aceite de oliva
Sal
Salsa verde (*véa*se pág. 66), para servir

Precalentar el horno a 200 ºC, termostato 7.

Llevar a ebullición una olla de agua, salarla bien e incorporar los bastones de yuca. Hervir unos 18 minutos.

Escurrir y disponer los bastones en una bandeja de horno. Sazonar generosamente con sal y aceite de oliva y hornear hasta que estén dorados, unos 15 minutos.

Servir con salsa verde aparte o bien por encima.

Nota
La yuca nuca debe comerse cruda, siempre debe cocinarse antes de consumirla.

Una selección de postres naturales y deliciosos. Desde un sencillo helado cremoso a las mejores galletas de nueces de macadamia del mundo, aquí tienes un montón de dulces para enamorarte.

Postres

Tarta de chocolate sin horno

SG C VG

El dulzor de esta tarta proviene únicamente de los dátiles. Y, por su parte, el cacao se conoce como el alimento de los dioses por algún motivo. Está lleno de antioxidantes, magnesio y proteína y contiene muchas vitaminas y minerales. También se considera un afrodisíaco y equilibra las hormonas. Las avellanas, llenas de grasas saludables, son beneficiosas para el corazón, el cerebro y la piel, lo que hace de este postre una forma natural de mejorar el estado anímico.

Para 9 raciones
Tiempo de preparación: 15 minutos, más 6 horas de refrigeración

Para la pasta de dátiles
350 g de dátiles Medjool sin hueso
125 ml de agua

Para la cobertura de avellana
90 g de avellanas
35 g de coco deshidratado
3 cucharadas de cacao en polvo
3 cucharadas de granos de cacao
Una pizca de sal
175 g de dátiles sin hueso, y un poco más si se requiere

Para el relleno de chocolate
250 g de anacardos, previo remojo toda la noche, y bien escurridos
300 g de pasta de dátiles (*véase* arriba)
1 cucharadita de extracto de vainilla
¼ de cucharadita de sal
225 ml de agua
125 g de cacao en polvo
100 g de aceite de coco

Mermelada de fruta con chía (*véase* pág. 72), para servir

Empezar por la pasta de dátiles. Poner los dátiles y el agua en un robot de cocina. Trabajar hasta obtener una mezcla muy fina, rebañando las paredes del robot para que los dátiles queden bien incorporados. Puede conservarse en un recipiente hermético en la nevera hasta 2 semanas.

Para hacer la cobertura, poner todos los ingredientes menos los dátiles en un robot de cocina y mezclar hasta que queden bien combinados. Añadir los dátiles poco a poco mientras se sigue procesando. La masa debería quedar ligada pero fácil de separar. Si queda demasiado seca, añadir más dátiles. Pasar la mezcla, presionando ligeramente, a un molde desmontable de 18 cm forrado con papel de hornear y poner en la nevera mientras se prepara el relleno.

Para el relleno, batir todos los ingredientes excepto el cacao en polvo y el aceite de coco hasta que quede suave. Añadir el cacao y el aceite y mezclar hasta que queden bien incorporados. A continuación, verter la capa superior de modo que lo cubra todo de manera uniforme.

Refrigerar durante 6 horas o toda la noche. Si no dispones de demasiado tiempo, puedes ponerla en el congelador para acelerar el proceso. Puede conservarse en el congelador hasta 1 mes. Pruébala también congelada, está riquísima.

Servir en 9 porciones cuadradas con un poco de mermelada de fruta con chía por encima.

Tarta de plátano y café

SG SFS C VG (si no se emplea miel)

Es un postre espectacular ideal para cualquier comida de celebración. Esta receta no lleva azúcar ni frutos secos, su dulzor proviene de sus ingredientes, y es perfecta para compartir.

Para 8 raciones

Tiempo de preparación: 20 minutos, más 30 minutos de refrigeración y toda la noche para refrigerar la crema de coco

Para la base de galleta

215 g de copos de avena sin gluten
100 g de coco deshidratado
¼ de cucharadita de vainilla en polvo
Una pizca de sal
1 cucharadita de zumo de limón
125 ml de sirope de arce u otro edulcorante

Para la salsa de caramelo de maca

250 g de dátiles Medjool, previo remojo en agua durante 15 minutos
5 cucharadas de agua
1 cucharadita de zumo de limón
1 cucharadita de maca en polvo (opcional)

3 plátanos maduros cortados en rodajas de 0,5 cm
Granos de cacao para decorar (opcional)

Para la crema de coco montada

2 latas x 400 ml de crema de coco refrigeradas toda la noche
2 cucharadas de miel cruda u otro edulcorante (emplear uno claro para que no altere el color blanco)
1 cucharadita de extracto de vainilla

Para la base de galleta, forrar un molde de tarta desmontable de 20 cm con papel de hornear. Poner la avena, el coco, la vainilla en polvo y la sal en un robot de cocina y moler hasta que la mezcla adquiera textura de harina.

Agregar el zumo de limón y el sirope de arce y batir hasta que quede bien mezclado. Pasar al molde forrado, presionando la pasta con firmeza usando los dedos o el dorso de una cuchara hacia la base y las paredes del molde. Poner a enfriar en la nevera mientras se prepara el relleno.

Para la salsa de caramelo, poner los dátiles escurridos en un robot de cocina o batidora junto con el agua, el zumo de limón y la maca en polvo (si se emplea) y batir hasta obtener una mezcla parecida al caramelo, suave y aterciopelada.

Sacar de la nevera y cubrir con la capa de caramelo. Alisar con una espátula o el dorso de una cuchara. Disponer las rodajas de plátano por encima. Devolver a la nevera para que se enfríe mientras se prepara la crema.

Sacar las latas frías de crema de coco de la nevera. Retirar con cuidado la gruesa capa superior de crema sólida y pasarla a un cuenco, dejando el líquido en las latas. Añadir la miel u otro edulcorante y el extracto de vainilla. Usar una varilla eléctrica para batir la crema hasta que forme picos.

Sacar la tarta de la nevera y cubrir con la capa de crema de coco montada. Para ello, se puede usar una manga o bien una cuchara y luego extenderla. Echar unos granos de cacao por encima y servir al momento. Este plato no se puede congelar.

Notas

La crema de coco proporciona una cantidad mayor de crema montada que la leche de coco. Según la marca, puede ser lo suficiente firme para separarla sin necesidad de refrigerarla previamente. La leche de coco solo se endurece si es entera.

Helado cremoso

SG VG

Para 9 raciones
Tiempo de preparación: 40 minutos, más 5 horas de congelación

250 g de fresas

Para el helado de vainilla

200 g de anacardos crudos, previo remojo (*véa*se pág. 49) y escurridos
125 ml de agua o de algún tipo de leche no láctea sin edulcorar
135 ml de sirope de arce
8 cucharadas de aceite de coco sin perfumar
2 cucharaditas de extracto de vainilla
1 cucharadita de vainilla molida (o las semillas rascadas de ½ vaina de vainilla)
½ cucharadita de sal

Para el brownie de chocolate

2 cucharadas de semillas de lino molidas
5 cucharadas de agua
50 g de chocolate (100 % cacao) fundido
7 ½ cucharadas de aceite de coco y un poco más para el molde
100 g de azúcar de coco
4 cucharadas de néctar de coco
1 cucharadita de extracto de vainilla
¾ cucharadita de levadura en polvo sin gluten
Una pizca de sal
60 g de cacao en polvo
60 g de harina de trigo sarraceno
60 g de harina de arroz
25 g de almendra molida (o harina de chufa para una versión sin frutos secos)
60 g de pepitas de chocolate

Para las nueces pacanas caramelizadas

50 g de nueces pacanas
1½ cucharada de sirope de arce

Para la salsa de caramelo

55 g de mantequilla de coco (del fondo del tarro mejor que de la capa aceitosa superior)
135 ml de sirope de arce
2 cucharadas de aceite de coco
½ cucharadita de extracto de vainilla

«¡Madre mía!», suele exclamar la gente cuando lo prueba por primera vez. La vainilla es un auténtico alimento medicinal que lleva siglos usándose. Mejora la salud mental y el estado anímico, además de ser una gran fuente de magnesio, potasio y calcio, es un afrodisíaco. Esta receta no contiene azúcares refinados, puede hacerse sin frutos secos y emplea semillas de lino molidas en lugar de huevos. ¡Que aproveche!

Poner todos los ingredientes en la batidora y batir hasta que quede fino. Pasar a un recipiente apto para congelador y congelar durante 5-6 horas o toda la noche.

Preparar los brownies. Precalentar el horno a 180 ºC, termostato 4. Untar ligeramente de aceite un molde cuadrado de 18 cm y forrar con papel sulfurizado. Mezclar las semillas de lino y el agua en un cuenco pequeño. Dejar 15 minutos.
Fundir el chocolate y el aceite de coco en un cuenco resistente al calor sobre un cazo con agua hirviendo. Pasar a un cuenco grande junto con el azúcar de coco, el néctar y el extracto de vainilla. Batir para mezclar. Añadir las semillas de lino y volver a batir. Agregar la levadura en polvo, la sal y el cacao en polvo y volver a batir. Incorporar las harinas, la almendra molida o la harina de chufa y remover con una espátula hasta que quede bien mezclado. Echar las pepitas de chocolate. Pasar la masa al molde ya preparado y hornear 20 minutos o hasta que los bordes se vean secos y ligeramente hinchados y el centro ya no tenga humedad. Retirar del horno, dejar enfriar en el molde durante 15 minutos y desmoldar con cuidado. Una vez frío, cortar en cuadrados.

Mientras se hacen los brownies, preparar las nueces pacanas cubriéndolas con sirope de arce. Colocarlas sobre una bandeja de horno forrada de papel sulfurizado y hornear durante 10 minutos hasta que se tuesten. Retirar y dejar enfriar.
Para la salsa, fundir la mantequilla de coco en un cuenco resistente al calor sobre un cazo con agua hirviendo. Añadir sirope de arce, el aceite de coco y la vainilla y remover bien para que se mezclen. A continuación, reservar.
Para montarlo, poner una cucharada de salsa en cada bol, cubrir con el brownie, bolas de helado, nueces caramelizadas y fresas. Echar un chorrito de caramelo y servir.
Pueden conservarse en un recipiente hermético hasta 3 días y en el congelador hasta 1 mes.

SG VG

Galletas de nueces de macadamia

Estas galletas son deliciosas para cualquier momento del día. Las nueces de macadamia tienen un alto contenido en vitamina A, hierro y proteínas. Además, no llevan ni azúcares refinados ni ningún tipo de grano y son aptas para la dieta paleo.
¡Su único problema es que no puedes comer solo una! Nos encantan para mojar en leche sin frutos secos o para comer mientras ves una peli. Son crujientes y tan ricas que cuesta parar de comerlas.

Para 16 unidades
Tiempo de preparación: 30 minutos

- 1 ½ cucharada de semillas de chía
- 3 ¾ cucharadas de agua
- 150 g de almendra molida
- 40 g de harina de coco
- 150 g de azúcar de coco
- 140 g de mantequilla de anacardo (o de otro fruto seco)
- 100 g de aceite de coco
- 2 cucharaditas de levadura en polvo sin gluten
- 1 cucharada de extracto de vainilla
- Una pizca de sal
- 30 g de nueces de macadamia
- 85 g de pepitas de chocolate blanco vegano

Mezclar las semillas de chía con el agua y dejar durante 5-10 minutos hasta que las semillas la hayan absorbido toda y se hayan vuelto gelatinosas.

Introducir los demás ingredientes, excepto las nueces y las pepitas de chocolate, en un robot de cocina. Procesar hasta que queden bien mezclados. Agregar las nueces y las pepitas de chocolate y remover con una cuchara de madera hasta que queden bien repartidas.

Medir las bolas de masa de galleta con un sacabolas de helado, colocarlas en una bandeja de horno forrada con papel sulfurizado y aplanarlas con las manos para darles forma de galleta. Poner la bandeja en la nevera para que reposen y se enfríen y precalentar el horno a 180 ºC, termostato 4.

Hornear las galletas frías durante 15 minutos hasta que se doren. Recién salidas del horno quedan un poco blandas, pero al enfriarse se endurecen.

Dejar reposar 5 minutos para que se enfríen y endurezcan y pasarlas a una rejilla para que terminen de enfriarse.

SG SFS C VG

Tartaletas de té verde, lima y aguacate

Estas tartaletas sin frutos secos están llenas de grasas saludables y proteínas. Un combinación cremosa y ligera de té verde, lima y aguacate mezclados para crear un sabor estimulante. Las pipas de calabaza son una fuente excelente de magnesio y zinc y benefician al corazón y al sistema inmunitario, mientras que el té verde aporta buenos niveles de antioxidantes y acelera el metabolismo. Es un gran postre para compartir, llenando la mesa de color y sabores saludables.

Para 4 unidades
Tiempo de preparación: 15 minutos, más 5 horas de congelación

Para la base
100 g de pipas de calabaza crudas
4 dátiles Medjool blandos y sin hueso
½ cucharada de aceite de coco

Para el relleno de té verde
1 aguacate sin hueso
4 cucharadas de zumo de lima
4 cucharadas de sirope de arce
1 cucharada de aceite de coco
la piel de 1 lima
1 cucharadita de extracto de vainilla
1 cucharada de té verde en polvo (matcha)
4 cucharadas de leche de coco entera
Una pizca de sal

Para servir
150 ml de yogur de coco
Té verde en polvo (matcha) para servir
1 lima a rodajitas muy finas

Poner todos los ingredientes de la base crujiente en un robot de cocina y procesar hasta que formen una pasta arenosa fina y pegajosa. Repartir la mezcla entre 4 tarrinas (o entre 4 huecos de un molde para muffins) y presionar para formar una base plana y regular. Poner las tarrinas o el molde de muffins en el congelador mientras se prepara el relleno.

Mezclar todos los ingredientes de relleno con la batidora a velocidad alta hasta que quede una mezcla fina. Sacar las tarrinas del congelador y echar esta mezcla sobre la base, alisándola.

Devolver al congelador un mínimo de 3 horas o toda la noche. Si se han dejado toda la noche, sacar las tarrinas del congelador 1 hora antes de servir.

Servir con una cucharada de yogur de coco, una pizca de té verde en polvo tamizado y unas rodajitas de lima.

Tarta Tatin de higos

SG VG (si no se emplea miel)

Cuando probábamos recetas para este libro, nuestro amigo Paul vino a casa con una cesta de higos recién recogidos. Como en nuestro equipo somos buena gente, aceptamos con gusto su ofrecimiento a prepararnos un postre. En cuanto probamos su tarta, supimos que la receta tenía que estar aquí. Una vez que la pruebes, te enganchará. Los higos son una fuente rica en minerales, incluidos el magnesio y el calcio, y también son un potente antioxidante. Es un postre riquísimo sin azúcares refinados ni gluten, una auténtica delicia de verano.

Para 12 raciones
Tiempo de preparación: 50 minutos

Para la base

175 g de harina de trigo sarraceno y un poco más para trabajar
85 g de harina de almendra molida
115 g de azúcar de coco
1 cucharada de semillas de lino molidas
2 ½ cucharadas de agua
70 g de mantequilla de coco
3-4 cucharadas de leche de almendras
La piel de 1 limón
Una pizca de sal

Para la cobertura

1 cucharada de mantequilla de coco
2 cucharadas de azúcar de coco
450 g de higos a cuartos

Para la crema de coco

400 ml de leche de coco entera
1 cucharada de miel u otro edulcorante
½ cucharadita de extracto de vainilla

Precalentar el horno a 180 ºC, termostato 4.

Para hacer la base, poner la harina de trigo sarraceno y la de almendra en un cuenco junto con el azúcar de coco y remover hasta que queden bien mezclados. Mezclar las semillas de lino con el agua e incorporar al cuenco junto con la mantequilla de coco y añadir la leche de almendras lentamente. Remover hasta que la mezcla adquiera consistencia de masa. Envolver el cuenco con un paño de cocina limpio y ponerlo en la nevera 30 minutos.

A continuación, preparar la cobertura. Embadurnar una fuente de 30 cm (a poder ser, de barro) con la mantequilla de coco. Espolvorear el azúcar de coco de manera uniforme sobre la mantequilla. Disponer los higos sobre la base.

Esparcir un poco de harina de trigo sarraceno sobre una superficie limpia y extender la masa hasta que tenga un grosor de unos 8,5 mm y un tamaño algo superior al de la fuente. Cortar la masa a cuartos y colocarlos sobre los higos hasta cubrirlos. Una vez cubiertos, alisar los cuartos de la masa hasta juntarlos y meter los extremos por dentro de la pared de la fuente.

Llevar al horno y hornear durante 30 minutos hasta que se dore por encima. A la hora de servir, poner un plato sobre la fuente y, sujetándolos bien juntos, darle la vuelta para que los higos queden en la parte superior.

Preparar la crema de coco removiendo todos los ingredientes hasta que queden bien mezclados.
Para servir, cortar en 12 porciones y echarles un poco de crema de coco por encima.

Tarta de pitaya

SG C VG

Esta es la tarta rosa más bonita que jamás hayamos visto. La pitaya también se conoce como fruta del dragón. Está cargada de nutrientes, incluidos vitamina C, calcio y fitonutrientes, y también es rica en antioxidantes. Esta tarta sin horneado y de intenso color es fácil de preparar y queda espectacular en la mesa.

Para 12 raciones
Tiempo de preparación: 15 minutos, más 5 horas de congelación

Para la base
140 g de almendras
6 dátiles
30 g de harina de coco
¼ de cucharadita de vainilla en polvo
2 cucharadas de aceite de coco fundido
Una pizca de sal

Para el relleno
260 g de anacardos, previo remojo (*véa*se pág. 49)
200 g de pitaya congelada
1½ cucharadita de zumo de limón
4 cucharadas de sirope de arce
½ cucharadita de extracto de vainilla
Una pizca de sal
2 cucharadas de aceite de coco fundido
Moras y arándanos azules para servir

Para hacer la base, poner las almendras y los dátiles en un robot de cocina y procesar hasta que se rompan y queden bien combinados. Incorporar el resto de los ingredientes y trabajar hasta que queden bien mezclados.

Forrar un molde de tarta redondo de 20 cm con papel sulfurizado y llenarlo con la base, presionando para formar una capa uniforme en la base y los laterales. Poner en el congelador mientras se prepara el relleno.

Para el relleno, lavar los anacardos y secarlos bien. Poner en la batidora todos los demás ingredientes menos el aceite de coco. Batir hasta alcanzar una consistencia suave. Incorporar lentamente el aceite de coco sin dejar de batir.

Sacar el molde del congelador y echar el relleno sobre la base. Volver a dejar en el congelador durante unas 3 horas.

Sacar la tarta y dejar descongelar durante unos 20 minutos a temperatura ambiente (o 1 hora en la nevera) antes de servir con las moras y arándanos.

Puede conservarse en el congelador hasta 1 mes.

Sándwiches de chocolate

SG C VG

Para 20 unidades
Tiempo de preparación: 40 minutos, más 30 minutos de refrigeración

150 g de mermelada de fruta con chía (véase pág. 72)

Para la galleta
70 g de coco rallado
70 g de almendra molida
85 g de anacardos o nueces de macadamia
2 cucharadas de mantequilla de coco
4 cucharadas de sirope de arce
½ cucharadita de vainilla en polvo

Para el malvavisco de coco
55 g de mantequilla de coco
3 cucharadas de aceite de coco líquido
90 g de crema de coco, o grasa de la parte superior de una lata de leche de coco enfriada durante toda la noche
½ cucharadita de extracto de vainilla
1½ cucharada de sirope de arce

Para la cobertura de chocolate
35 g de manteca de cacao
60 g de cacao en polvo
4 cucharadas de aceite de coco líquido
2½ cucharada de sirope de arce
Si no quieres tener que preparar el chocolate, como alternativa puedes fundir 150 g de chocolate negro sin leche (72 % cacao).

Esta es la versión Farmacy de unas famosas galletas rellenas de malvavisco, pero en formato saludable. Están riquísimas, con sus capas de mermelada de chía, malvavisco de coco y chocolate. A los niños grandes y a los de verdad les encantan. Son ideales para fiestas, para merendar o para compartir. Necesitarás un cortador de galletas de 6 cm para esta receta.

Para preparar la galleta, poner el coco rallado, la almendra molida y los anacardos o las nueces de macadamia en un robot de cocina y pulsar hasta obtener una textura fina. Ablandar la mantequilla de coco poniendo el bote en agua caliente. A continuación, echar 2 cucharadas en el robot de cocina, junto con el sirope de arce y la vainilla en polvo y procesar hasta que esté todo bien mezclado.

Sacar la masa, formar una bola y extenderla sobre papel de hornear hasta que tenga un grosor de 1 cm más o menos. Formar las galletas con un cortador redondo hasta que se termine la masa. Colocarlas sobre una bandeja y ponerlas en el congelador mientras se prepara el resto de los componentes.

Para el malvavisco de coco, mezclar todos los ingredientes con la batidora hasta obtener una mezcla homogénea y cremosa. Dejar en la nevera durante 10 minutos.

Para preparar la cobertura de chocolate, fundir la manteca de cacao en un cuenco sobre un cazo con agua hirviendo. Añadir los demás ingredientes y remover hasta que quede suave y sedoso. Si se ha optado por comprar chocolate ya preparado, sencillamente fundirlo.

Para el montaje, extender una capa de malvavisco sobre una de las galletas seguida de una de mermelada. Cubrir con otra galleta. Repetir hasta que se terminen las galletas.
Sumergir cada bocadillo de galleta en el cuenco de chocolate fundido con la ayuda de 2 tenedores e ir colocándolas sobre una bandeja forrada de papel de horno. Dejar en la nevera durante 30 minutos hasta que el chocolate se endurezca.

Estas galletas pueden conservarse en un recipiente hermético en la nevera durante 10 días, mientras que congeladas aguantan 1 mes. Si se congelan, sacar del congelador 10 minutos antes de comer para que se ablanden un poco.

Helado de plátano con chocolate y almendra

Los habituales de nuestra cocina adoran el helado con base de plátano. Y nos costó decidir qué sabor incluir aquí. A Emily le gusta tanto esta versión de plátano con almendra que podría comerlo cada día. Es cremoso y lleva trozos de dulce de chocolate. La receta no contiene ningún tipo de grano ni harina y todo su dulzor proviene de azúcares naturales. Todos los ingredientes son beneficiosos para la salud. Este es un helado que a tu cuerpo no le importará que comas.

Para 6-8 unidades
Tiempo de preparación: 15 minutos, más 4 horas de congelación

Para el caramelo de chocolate
50 g de harina de coco
3 cucharadas de cacao en polvo
6 cucharadas de sirope de arce
¾ cucharadita de extracto de vainilla
Una pizca de sal

Para el helado
6 plátanos pelados, congelados y a rodajas (se pueden usar frescos, pero tardan más en solidificar)
175 g de mantequilla de almendras fina (*véa*se pág. 74)
3 cucharadas de sirope de arce
1 cucharadita de extracto de vainilla

Poner todos los ingredientes del caramelo de chocolate en un robot de cocina y mezclar hasta que queden bien combinados. La mezcla debería parecerse a trozos de brownie seco. Pasar a un cuenco y romperla a trozos más pequeños si se desea.

Batir todos los ingredientes del helado en una batidora a velocidad alta hasta que quede una mezcla fina. Pasar la mezcla a un recipiente apto para congelador. Añadir los trozos de caramelo, mezclándolos con ayuda de una cuchara hasta que queden bien distribuidos. Congelar durante 4-5 horas hasta que solidifique.

Hemos incluido también aquí algunas de nuestras recetas naturales preferidas para tener un hogar y un cuerpo sanos sin emplear productos químicos ni ingredientes tóxicos. Todos los ingredientes que empleamos en estos preparados de belleza y para el hogar son naturales. Olvídate de los productos comerciales y pásate a los que puedes preparar en casa, ya que de este modo te aseguras de que son ecológicos y no llevan sustancias químicas: son buenos para ti, para tu bolsillo y para el planeta.

Hogar y belleza

Exfoliante corporal de belleza

VG

Esta receta sencilla emplea ingredientes naturales para exfoliar la piel y dejarla radiante y sana. Puedes usarla a diario o una vez a la semana si haces una exfoliación más intensa. Como es casera, te aseguras de que no contiene sustancias químicas ni perjudiciales.

Para 250 ml
Tiempo de preparación: 5 minutos

85 g de azúcar granulado (nosotros usamos azúcar de coco)
100 g de aceite de coco
1 cucharadita de vainilla en polvo o de tu aceite esencial favorito (opcional)

Combinar todos los ingredientes y meterlos en un recipiente de cristal con tapa hermética. Si se conserva en un sitio fresco, puede durar meses.

Modo de empleo
Frotar delicadamente la piel con él durante la ducha. Masajear y enjuagar.

Manteca corporal comestible

VG

Nos encanta emplear ingredientes naturales como estos para mantener nuestra piel radiante, suave y sana. La piel es el órgano más grande del cuerpo y no es bueno cubrirla de sustancias químicas. Ama tu cuerpo: usa preparados naturales. Y además, se puede comer, es una manteca corporal versátil y divertida.

Para 480 ml
Tiempo de preparación: 15 minutos

225 g de manteca de cacao
200 g de aceite de coco
Unas gotas de tu aceite esencial favorito como el de rosa (opcional)

Poner la manteca de cacao y el aceite de coco en un plato resistente al calor sobre un cuenco de agua caliente para que se fundan. Una vez fundidos, mezclar con cualquier aceite de tu elección. Guárdala en un recipiente bonito.

Si se conserva en un sitio fresco, puede durar hasta 3 meses.

Modo de empleo
Aplicar por todo el cuerpo para disfrutar de una excelente hidratación.

Exfoliante corporal de belleza
Manteca corporal comestible

Gel corporal natural
Limpiador facial de avena y miel

Gel corporal natural

VG

Es importante vigilar con los jabones que usamos en nuestra piel, ya que muchos están cargados de sustancias químicas. El jabón de Castilla es un jabón puro, natural y basado en plantas que es suave con la piel. Es uno de los jabones más biodegradables que podemos hacer en casa. Esta receta te ofrece un gel corporal puro y seguro para mantener tu piel limpia, sana y radiante.

Para 700 ml
Tiempo de preparación: 5 minutos

60 ml (4 cucharadas) de jabón de Castilla líquido
700 ml de agua
25 g de harina de avena
3 gotas de aceite de árbol de té
3 gotas de aceite esencial de menta

Mezclar todos los ingredientes y conservar en un tarro con tapa de rosca.

Limpiador facial de avena y miel

Esta es una receta sencilla y natural para limpiar tu piel y dejarla fresca y cuidada. Muchos de los limpiadores comerciales están cargados de conservantes e ingredientes agresivos que no convienen a nuestro rostro. Este limpiador está hecho de avena, que es antiinflamatoria e ideal para todo tipo de pieles, incluso las sensibles. La miel es antibacteriana y está llena de antioxidantes, además de contribuir a nutrir y limpiar la piel.

Para 125 ml
Tiempo de preparación: 15 minutos

25 g de copos de avena
2 cucharadas de miel
2 cucharadas de aceite de almendra dulce, coco u oliva, y un poco más si se requiere

En un molinillo de café, batidora o robot de cocina, moler los copos de avena hasta convertirlos en un polvo fino y muy suave.

Pasar el polvo a un cuenco y mezclar con el resto de los ingredientes hasta obtener una mezcla espesa y pegajosa. Si es demasiado pegajosa o tiene demasiados grumos, añadir un poco más de aceite.

Guardar en un recipiente hermético.

Modo de empleo
Humedecer el rostro con agua tibia. Coger una pequeña cantidad de la mezcla (menos de 1 cucharadita) con las manos y frotarlas entre sí. Pasarlas por la piel con movimientos circulares, frotando con delicadeza durante un par de minutos. Puede dejarse sobre la piel durante 5-10 minutos para limpiar los poros en más profundidad. Enjuagar con agua tibia y secar la piel dándose toquecitos.

Mascarilla limpiadora

De vez en cuando, a todo rostro le viene bien un poco de cariño y cuidados extra. Esta es nuestra receta para un tratamiento facial estupendo y que solo emplea ingredientes puros y naturales. Se puede utilizar una vez a la semana o siempre que sientas que necesitas un tratamiento de belleza. La arcilla y el carbón activo extraen las impurezas de la piel de manera natural. La miel posee propiedades antibacterianas y la chlorella fomenta la regeneración celular y da brillo al cutis. Puedes adquirir la arcilla, el carbón en polvo y la chlorela en tiendas de alimentación sana y farmacias.

Para 2 mascarillas
Tiempo de preparación: 5 minutos

2 cucharaditas de agua
1 cucharadita de arcilla bentonita
1 cucharadita de carbón activo en polvo
¼ de cucharadita de chlorella en polvo
½ cucharadita de miel cruda

Poner el agua en un cuenco pequeño de cristal y echar la arcilla por encima. Dejar que esta absorba el agua durante unos 10 segundos y añadir los demás ingredientes. Esto hace que la mezcla sea más fácil de ligar.

Emplear una espátula pequeña de plástico para ir aplastando y mezclándolo todo. Puede que se requieran unos minutos para eliminar los grumos de la arcilla.

Al no llevar conservantes, esta mascarilla no se conserva bien.

Modo de empleo
Aplicar la mascarilla generosamente por el rostro. Dejar secar unos 10 minutos y lavar con agua tibia.

Enjuague bucal fresco

VG

Este enjuague bucal cuida de tus dientes y encías, además de ayudar a remineralizar los dientes. También es efectivo en la reducción de la inflamación o irritación de encías y dientes. El agua salada contribuye a una boca sana y neutraliza el pH (acidez) de la saliva. Úsalo a diario para mantener tu boca, encías y dientes en buena forma.

Para 500 ml
Tiempo de preparación: 5 minutos

4 cucharaditas de sal pura, como la Himalaya o la céltica
500 ml de agua hirviendo
2 gotas de aceite esencial de menta de uso alimentario

Poner la sal en un tarro de cristal con tapa de rosca y verter el agua encima. Añadir el aceite de menta.

Tapar el tarro y remover para disolver parte de la sal, que seguirá disolviéndose a lo largo de los días.

Si se conserva en un sitio fresco, puede durar hasta 1 meses.

Modo de empleo
Emplear antes y después del cepillado. Llenarse la boca, enjuagar pasando por toda la boca y escupir. No debe tragarse.

Pasta de dientes natural

VG

Esta es una alternativa natural a las pastas de dientes comerciales sin ingredientes perjudiciales. Algunas de las marcas principales emplean flúor, que es muy tóxico. Evítalas. Comprueba los ingredientes de tu pasta de dientes con atención. O, mejor aún, prepara tu propia pasta de dientes para que sepas lo que lleva. Esta receta tiene un poder limpiador natural. El aceite de coco ayuda a eliminar toxinas y a mantener los dientes blancos y limpios de forma natural, además de ser antibacteriano y antimicrobiano. El bicarbonato neutraliza las bacterias que atrae la acidez de tu boca y que son causantes de las caries. También ayuda a blanquear los dientes, a eliminar la placa y a mantener unas encías sanas. El aceite de menta también es antibacteriano.

Para 4 cucharadas
Tiempo de preparación: 5 minutos

4 cucharadas de aceite de coco, preferiblemente sin aromatizar

1½ cucharada de bicarbonato

10-15 gotas de aceite esencial de menta de uso alimentario

5 gotas de extracto de mirra (opcional)

2 gotas de estevia líquida, para endulzar (opcional)

Poner el aceite de coco en un cacito y ablandarlo a fuego lento. Retirar del fuego y dejar enfriar un poco. Incorporar los demás ingredientes y remover bien.

Una vez que la mezcla se haya solidificado, volver a remover, ya que el bicarbonato puede haberse asentado en el fondo.

Conservar en un tarro hermético de cristal. Si se conserva en un sitio fresco y en un tarro hermético, puede durar hasta 3 meses.

Modo de empleo
Emplear dos veces al día sobre un cepillo humedecido para tener una boca y dientes sanos y limpios.

VG

Limpiador multiusos con amor a la Tierra

Los productos de limpieza del hogar pueden ser bastante tóxicos, sobre todo los que contienen perfumes, sustancias químicas fuertes y lejía. Esta es una receta para un limpiador multiusos que puedes utilizar para limpiar superficies y eliminar las manchas de agua de la mampara de la ducha, la grifería, las ventanas, los espejos y demás. Es un limpiador versátil e inocuo con el que tu casa estará fresca y libre de aerosoles tóxicos y agentes químicos agresivos. Para guardarlo, necesitarás una botella pulverizadora.

Para 2 litros
Tiempo de preparación: 5 minutos

125 ml de vinagre de sidra de manzana
50 g de bicarbonato
2 litros de agua
El zumo de 1 limón

Mezclar todos los ingredientes y verter en un bote pulverizador.

Índice

(los números de página en *cursiva* hacen referencia a fotografías)

A

aceites esenciales 234, 235, 238, 239, 242, 243
acero inoxidable 48
ácido gástrico 31
agua, calidad del 47
agroecología 38
alcohol 6, 22,
alergias al maíz 22
alfalfa 53
algas 27, 33, *44*, *45*, 61, *63*, 143, 145, 154, 162, 164, 170
alholva 53, 127
alimentación:
elegir la alimentación basada
alimentos enteros, beneficios 20
alimentos procesados 19, 21, 22
Aliño de lentejas 144
Aliño de zanahoria 149
Alioli 114, *115*
almendras 41, 49, 52, 74, 89, 100, 101, 118, 119, 124, 132, 133, 140, 153, 156, 162, 170, 174, 193, 209, 219, 220, 224, 225, 228, 231, 239
alquimia de los alimentos 19, 20, 28-39
aluminio 47, 48
Alzheimer 48
aminoácidos 33
anacardos 41, 49, 52, 78, 110, 140, 162, 193, 214, 219, 220, 225, 228
antiadherente 48
antibióticos 17
antiinflamatorios 19
apetito 31
apio nabo 163, 188
aquafaba 56, 114
arroz *45*, 51, 168, 172
asar (general) 19
avellanas 52, 145, 176, 214
ayuno 24
ayurveda 19
azúcar refinado 22

B

bacterias saludables 20
básicos de la cocina 41-42
básicos para la despensa 41-42
Bastoncitos de garbanzo 198
Bastoncitos de garbanzo al horno 198, *199*
bebidas carbonatadas 22
Bebida de frutos secos y semillas 78, *79*
belleza natural 39
bentonita, arcilla 241
berro 27, 132, 145, 154, 162
bienestar 16, 27, 28
bienestar animal 10, 14, 17, 36
biodegradables, materiales 36, 37
biodinámica 7, 38, 39
biodiversidad 38, 39
bisfenol A 47-48
bocados 127
Bocados de tef silvestre con setas *126*, 127
Bol arábigo 176, *177*
Bol de kimchi 166, *167*
Bol de kitchari 168, *169*
Boles de la tierra, descripción 162-163, *162-163*
Bol de *smoothie* verde 92, *93*
Bol japonés 170, *171*
Bol mexicano 172, *173*
Bol tailandés 174, *175*
brócoli 15, 27, 53, 132, 163, 164, 184, 203
Brócoli asado con chile y ajo *202*, 203
Brócoli y col con salsa de coco 184, *185*
brotes verdes 140, 188
Brownie de chocolate 219

C

cacahuetes 117, 180, 206, 209
cacao 214, 219, 220, 228, 231, 235
cafeína 22
calabazas 193
calcio, fuentes de 27, 206
Caldo de algas 61, *63*
Caldo vegetal 60, *62*
caldos 33, *44*, 60, 61

(*véase también* sopas)
calidad de la tierra 39
cambio climático 17
cáncer 19
cáñamo 37
Caponata *122*, 123
caramelo 231
carbón activo 241
cascarilla de psyllium 100
cebada 20
cerámica 48
chlorella en polvo 241
chucrut 20
cilantro 136, 139, 172, 174, 176, 180
cinco sentidos 32-34
cloro 47
Cobertura de avellana 214
cobre 48
cocinar a presión 47, 57
colesterol 210
comida basura 6, 22, 48
comida precocinada 48
comino, semillas de 174
confit 200
Confit de pimiento rojo asado 200, *201*
consciencia 28-39, 36
conservantes 56
contaminación del mar 36
contaminación química 17, 36, 38, 47, 48
Crema de almendras 153
Crema de anacardo 193
Crema de coco montada 216
cristal 37, 47, 48, *205*
cuatro pilares 13-14
cultivos de levadura 33
Curri de boniato y setas 180, *181*

D

da Vinci, Leonardo 27
dátiles *45*, 214, 216, 223, 225
Delboeuf, ilusión de 34
demencia 48
diabetes 19
digestión 19, 20, 21
  fases 29, 31
  y estrés 29, 31

E

ecológico 10, 17, 27, 38, 56, 183
  estándares 39
Einstein, Albert 10, 31
embarazo 6
en plantas 22
  transición a la alimentación
energía 16, 19
enfermedades autoinmunes 19
enfermedades coronarias 19
Enjuague bucal fresco 242, *244*
enlatados 22, 56
Ensalada asiática de col *208*, 209
Ensalada César de Farmacy 156, *157*
Ensalada de judías blancas *158*, 159
Ensalada de remolacha 150, *151*
Ensalada de zanahoria asada y aguacate 145
Ensalada vegetal marina 154, *155*
Ensalada verde con aliño de lentejas 144, *146*
ensaladas 144-159
enzimas 29, 34, 56
equilibrio 13
espinacas 27, 149, 163, 166, 170, 193
espirulina 111, 132
estevia 243
estilo de vida 19
estrés 29, 31
exfoliante corporal de belleza 234, *236*

F

Farmacy 100, *102*
Farmacy London:
  filosofía 6, 14
  inauguración 6
  mezcla de semillas *45*
  simplicidad 34
fase cefálica 29
felicidad 19
fermentación 20, 33, *45*
fertilidad 19
fideos 163, 166
Filetes de berenjena con tahini y salsa verde 186, *187*
física cuántica 14
flúor 47

frituras 22
fruta, consejos sobre 23
frutos secos 162
activación 52
beneficios de 27
deshidratación 52
sin frutos secos 223
remojo 49
frutos secos, alergias a 22, 52
frutos secos, harinas de 52
frutos secos, leches de *44*, 46, 110, 140, 224
frutos secos, mantequillas de *45*, 119, 220
frutos silvestres 101, 112, 219, 225, 228

G

Gachas reconfortantes 86, *87*
galletas 216, 220
Galletas de nueces de macadamia 220, *221*
galletas y tartas 216, 223, 228
garbanzos 27, 53, 57, 110, 128, 198
gases de efecto invernadero 17
granada, granos de 150
gel corporal natural *237*, 238
germinación *44*, *45*, 46, 53, *54*, *55*, 127, 136, 140, 153, 188, 196
girasol, pipas de *50*, 51, 53, 100, 120, 162,
Goodwin, Emma 38
grano 163
cocción 51
transgénicos 27
refinados 20, 22
remojo 51
grasas 31, 162
Guiso de calabaza y espinacas *192*, 193

H

hábitos alimentarios 29
Hamburguesa Farmacy *182*, 183
«helado», *véase* helado con base de plátano
helado con base de plátano *230*, 231
Helado cremoso *218*, 219
helados cremosos 219
Helado de plátano con chocolate y almendra *230*, 231
Heráclito 14
hervido 19
hidratos de carbono 31, 163
hierro colado 47
Himalaya, sal del 242, *244*
Hinojo y espinacas con aliño de zanahoria *148*, 149
hogar 246
hormonas artificiales 17
huevo, sustituto del 42, 56
Hummus de Farmacy 111

I

Ikeda, Kikunae 33
intolerancia a la lactosa 17, 22, 27

J

jabón de Castilla 238

K

kale 27, 136, 153, 163
Kale y brotes con mantequilla de almendras *152*, 153
Kétchup de bayas de goji 112
kimchi 20, *44*, *45*, 166, 204, *205*
Kimchi de manzana verde y ajo negro 204, *205*
kombu dashi 33

L

lácteos 17, 22
desintoxicación 27
no lácteos 17, 27, 219
Leber, Dorothea 39
legumbres 56, 163
beneficios de 27
leguminosas 27, *45*, *50*, 56, 57, 159, 163, 172, 183
cocción 56
germinadas *44*, *45*, 46, 53, *54*, *55*, 136, *137*

remojo 56, 57
leguminosas, cocinar con 56
lentejas 27, 53, 57, 127, 144, 163, 196
levadura nutricional 33, 110, 140, 156, 164, 193, 203
Limpiador facial de avena y miel *237*, 239
limpiadores/mascarillas faciales 239, 241
Limpiador multiusos con amor a la Tierra 246, *247*
limpieza de impurezas 241

M

Macrobol Farmacy 164, *165*
Malvavisco de coco 228
Manteca corporal comestible 235, *236*
Mantequilla de almendras 74, *75*, *118*, 119
Mantequilla Farmacy 100, *103*
Mascarilla limpiadora *240*, 241
masticación, importancia de la 29, 33, 34
medicina china 19, 206
mercurio 17
mercurio, evitar 17
Mermelada de chía *44*, 72, *73*, *102*
Mermelada de fruta con chía 72, *73*
metales pesados 47
Mezcla de semillas Farmacy 80, *81*
mijo 20, 51, 86, 163, 176, 183, 190
mirra 243
miso 20, 106, 150, 166, 170, 183
Miso con semillas de cáñamo 106, *108-109*
Molecules of Emotion (Pert) 18
mostaza, brotes de 27
mostaza, semillas de 174
Muesli de quinua germinada 94, *96-97*

N

napa 184, 204
níquel 48
nueces de macadamia 193, 220, 228
nueces pacanas 49, 162, 219
nueces *45*, 49, *50*, 162, 190
Nueces pacanas caramelizadas 219
Nuggets de coliflor 124, *125*

O

OGM 10
Okra Caponata *122*, 123
olfato 32
omega 3 49

P

Pak choi con aliño de yogur 206, *207*
Palomitas de garbanzos 128, *129*
pan 100, 101
Pan de desayuno 101, *103*
parásitos 21
Pasta de dientes natural 243, *245*
Pastel del recolector 188, *189*
Patatas fritas caseras de boniato 196, *197*
Paté de pipas de girasol 120
Pavlov, Ivan 31
Pert, Candace B 18
pesticidas 10, 27, 38, 47
piñones 190
pipas de calabaza 107, 127, 132, 139, 150, 162, 172, 180, 223
pistachos 168
plástico 36, 37, 47
plátanos 101, 216, 231
Platón 24
probióticos 76, 89
proteínas 31, 91

Q

Queso picante 110
quinua 20, *50*, 51, 53, 119, 163, 164, 184

R

raíz de loto 163, 170

Relleno de setas 127
ribonucleótidos 33
Rollitos de berenjena con
salsa verde 120, *121*

S

saber ancestral 13
sabor 33
sal céltica 242
salivación 31
Salsa blanca 193
Salsa casera de manzana 95, *97*
Salsa de caramelo de maca 216
Salsa de coco 184
Salsa de estragón 190
Salsa de nueces y lima 190
Salsa del alquimista *45*, 70, *71*
Salsa del filósofo *45*, 64, *65*
Salsa harissa 91
Salsa maya con lima 107, *108-109*
Salsa saté *116*, 117
Salsa tahini 68, *69*
Salsa verde 66, *67*, *211*
salsa verde *44*
Salsa Worcestershire 70
saltear 19
salud cerebral 19
salud del colon 21
salud del hígado 21
salud intestinal 16, 20, 34
salud mental 19
Sándwiches de chocolate
228, *229*
schug 66
semillas de amapola 124
semillas de cáñamo 106, 124,
149, 162
semillas de chía 72, 89, 100,
145, 220, 228
semillas de lino 51, 100, 224
semillas de sésamo 27, 124, 154,
162, 170, 198, 206
semillas y pipas 162, 163
(*véase también por tipo*)
activación 52
beneficios de 27
cocción 51
Mezcla Farmacy *45*, 80, *81*
remojo 51
sencillez 34
seneb 13
setas 33, 127, 143, 166, 180,
183, 188, 190
Setas y pencas de acelga
con salsa de estragón 190, *191*
sin carne 14
alimentación completa 16
alimentos enteros 19
sin gluten 20, 22
sin huevo, 42, 56, 219
sistema inmunitario 19, 66
smoothies 92, *93*
soja 22
soja verde *44*, *45*, 53, *54*, *55*,
57, 136, 153, 163
sonido 34
sopas 132-143
(*véase también* caldos)
Sopa de kitchari 136, *137*
Sopa de minerales marinos y setas
142, 143
Sopa de tomate asado 140, *141*
Sopa mexicana *138*, 139
Sopa púrpura celestial 133, *135*
Sopa verde de la granja 132, *134*
sostenibilidad 39

T

tacto 34
tahini 27, *44*, 68, 106, 111, 120,
150, 154, 186, 198
Tarrina de probióticos *88*, 89
Tarta de chocolate sin horno
214, *215*
Tarta de pitaya 225, *227*
Tarta de plátano y café 216, *217*
Tarta Tatin de higos 224, *226*
Tartaletas de té verde, lima y
aguacate *222*, 223
tartas y galletas 216, 223, 228
té verde 33
técnicas culinarias básicas 19
tef 20, 51, 100, 127
Teflón 48
Tortilla proteica *90*, 91
Tortitas esponjosas 98, *99*
toxinas 17, 24, 27, 36, 48
trigo (general) 20
trigo sarraceno 51, 150, 163,
219, 224

U

umami 33, 70
utensilios de cocina 46-48
utensilios «verdes» 47

V

vegetarianismo 10
verduras, consejos sobre 23
verduras de hoja 27, 144, 163, 164, 172, 176
vista 34
voluntad positiva 14

X

xenoestrógenos 48

Y

yogur (general) 20
Yogur, aliño de 206
Yogur de anacardos *44*, 76, *77*
Yuca asada con salsa verde 210, *211*

Z

zhug 66
zumos de fruta, consejos sobre 23

Notas de cocina

Códigos de información nutricional en las recetas:
SG = sin gluten
SFS = sin frutos secos
C = crudo
VG = vegano

Se han usado los niveles estándar de medidas por cuchara en todas las recetas.
1 cucharada = cuchara de 15 ml
1 cucharadita = cuchara de 5 ml

Deben usarse siempre hierbas frescas a menos que se indique lo contrario.

El horno debe precalentarse a la temperatura especificada.
Si usas un horno de convección, sigue las instrucciones del fabricante para ajustar el tiempo y la temperatura.

En cuanto a la sal, deben usarse escamas de sal a menos que se indique lo contrario.
Véase más información sobre la sal en la página 41.

Cuando decimos pimienta, nos referimos a pimienta negra recién molida a menos que se indique lo contrario.

La miel debe ser cruda y puede sustituirse en cualquier receta por néctar de coco o sirope de arce para dietas veganas.

Todos los frutos secos deben ser crudos y sin sal, a menos que se indique lo contrario.

El agua debe ser siempre filtrada.

Este libro incluye platos que emplean frutos secos y derivados.
Se recomienda a las personas que sufren reacciones alérgicas a estos y a los que puedan ser potencialmente vulnerables a estas alergias, como mujeres embarazadas o lactantes, ancianos, bebés y niños pequeños, que eviten los platos hechos con frutos secos y aceites de los mismos. Es también prudente comprobar en las etiquetas de los ingredientes preparados que no incluyan dichos derivados.

Actualizamos nuestra web con frecuencia con detalles sobre establecimientos que te pueden ser útiles para encontrar algunos de los ingredientes menos habituales de nuestras recetas.

Agradecimientos

El equipo de Farmacy ha trabajado unido combinando sus habilidades y conocimientos para crear una nueva visión de la comida basada en plantas. Esta colaboración y entendimiento surge de muchos años de descubrimiento en el arte de comer y vivir de manera consciente.

Nos gustaría dar nuestro más sincero agradecimiento a todas las personas que han formado parte de este proceso creativo, permitiéndonos llevar salud y felicidad a tu cocina.

El equipo agradece a Camilla Fayed su liderazgo con su visión de Farmacy y el primer libro de recetas Farmacy. Camilla y Susie Pearl trabajaron juntas para trasladar el concepto de la cocina de Farmacy de una idea a este bonito libro, junto con un gran equipo de cocineros.

Gracias a Pietro Cuevas y Emily Pearson por crear deliciosas combinaciones y recetas innovadoras. Gracias a Emma Newman por ser la columna vertebral del proyecto, ya que su inestimable ayuda ha hecho posible que este libro viera la luz.